Daisetz T. Suzuki

Wesen und Sinn des Buddhismus

HERDER / SPEKTRUM

Band 4197

Das Buch

Die Quintessenz des Buddhismus – zwischen tiefer Erfahrung und denkerischer Durchdringung. Ein herausragender Gelehrter und erleuchteter Meister führt hier in den Buddhismus ein. Nirgendwo sonst sind die Grundideen des Zen, seine Spiritualität und Philosophie, so klar und überzeugend dargestellt worden wie bei Suzuki, einem der Großen dieses Jahrhunderts. Das vorliegende Buch entstand aus Vorträgen, die D. T. Suzuki vor dem japanischen Kaiserhaus gehalten hat und die von ihm für westliche Leser erweitert und ergänzt wurden. Dieser grundlegende und konzentrierte Text nimmt im umfangreichen Werk des Autors einen besonderen Platz ein und gilt Kennern als seine bedeutendste und kostbarste Arbeit. Hier setzt er sich wie nirgends sonst mit der Kegon-Philosophie, dem Gipfel buddhistischen Denkens auseinander. Nur in dieser erweiterten Ausgabe findet sich auch seine Übersetzung des berühmten „Traktates vom Goldenen Löwen" des großen Meisters Fa-tsang. Suzuki erläutert in diesem Buch, im Rückgriff auf allgemeine religiöse Erfahrungen, die Grundideen des Buddhismus – Gedankengänge, die in der Erschließung des wahren spirituellen Selbstbewußtseins ihren Höhepunkt haben. Ein Buch, wie ein Schlüssel zum richtigen Leben. Eine entscheidende Hilfe für den Weg dorthin.

Der Autor

Daisetz Teitaro Suzuki, buddhistischer Philosoph und spiritueller Lehrer, Gelehrter von internationalem Rang, hat über 20 Bücher geschrieben, die den Dialog zwischen östlichem und westlichem Denken vertiefen. „Suzuki war ‚radikal' in dem Sinn, daß er zur Wurzel ging. Und die Wurzel war für ihn der Mensch. Wer ihm begegnete, war beeindruckt von dem Licht, das von ihm ausstrahlte" (Erich Fromm). Bei Herder/Spektrum: Das Zen-Koan – Weg zur Erleuchtung (Band 4452).

Daisetz T. Suzuki

Wesen und Sinn des Buddhismus

Ur-Erfahrung und Ur-Wissen

Aus dem Englischen
von Ernst Schönwiese
(Garma Döndrub Tashi)

Herder
Freiburg · Basel · Wien

Titel der Originalausgabe: Ur-Erfahrung und Ur-Wissen.
Die Quintessenz des Buddhismus

5. Auflage

Lizenzausgabe mit freundlicher Genehmigung des Octopus-Verlags
Erich Skrleta Wien 1990
Verlag Herder Freiburg im Breisgau 1993
Herstellung: Freiburger Graphische Betriebe 1998
Umschlaggestaltung: Joseph Pölzelbauer
Umschlagmotiv: Rupprecht Geiger, Bild 496/68 (Privatbesitz), mit
freundlicher Genehmigung des Künstlers
Autorenfoto: Francis Haar, mit freundlicher Genehmigung des Verlags
Weatherhill, New York, Tokyo
ISBN 3-451-04197-9

Vorwort des Übersetzers

Das vorliegende Buch entstand aus zwei Vorträgen, die D. T. Suzuki im April 1946, also kurz nach Beendigung des Krieges, vor dem japanischen Kaiserhaus gehalten hat. Es gibt zwei Fassungen davon: eine kurze, ursprüngliche, so wie die beiden Vorlesungen wörtlich abgelaufen waren, und eine von Suzuki vor allem für westliche Leser erweiterte und ergänzte Version, die als ein Meisterwerk bezeichnet werden darf. Diese letzte, wesentlich umfangreichere, liegt hier erstmals in deutscher Sprache vor. Sie nimmt unter den Schriften Suzukis einen besonderen Platz ein und gilt manchem Kenner des Gesamtwerkes dieses bedeutenden Mannes als seine beste Arbeit. Wie dem aber auch immer sein mag: eine seiner grundlegendsten und geglücktesten ist sie gewiß. Aus mehreren Gründen, von denen die zwei wichtigsten hier genannt seien. Der eine ist, daß sich Suzuki im zweiten der beiden Vorträge mit der Hua-Yen-Philosophie, japanisch: Kegon-Philosophie, dem Gipfel buddhistischen Denkens, eingehend auseinandersetzt. Er hat dieses Thema in seinen übrigen Büchern immer nur gestreift und sich nur mit dem Avatamsaka-Sutra und dessen Gandavyuha-Teil etwas ausführlicher befaßt. Aber auf das Hua-Yen-Denken selbst ist er nirgends direkt eingegangen. Er hatte zwar beabsichtigt, ein eigenes Buch dem Hua-Yen zu widmen,

7

hat aber diese Absicht leider nicht mehr verwirklicht. Umso aufschlußreicher und kostbarer sind nun die darauf bezüglichen Abschnitte des vorliegenden Buches und vor allem seine – nur in dieser erweiterten Ausgabe enthaltene – Übersetzung des berühmten »Traktates vom Goldenen Löwen« des Hua-Yen-Meisters Fa-tsang.

Der andere Hauptgrund, der diesem Buch seinen besonderen Rang verleiht, ist, daß Suzuki im ersten Teil – und damit bewußt parallel zu jenem zweiten – alle denkerischen und erlebnishaften Voraussetzungen zum Verständnis der Hua-Yen-Philosophie schafft, indem er zunächst ganz allgemein die entscheidenden Tatbestände des religiösen Grunderlebnisses klärt, wie sie aus allen religiösen Überlieferungen bekannt sind und im Buddhismus nur unmittelbarer und dementsprechend überzeugender gefaßt erscheinen. Es geht ihm dabei in erster Linie um die Ur-Erfahrung der einander gegenüberstehenden zwei Welten: Sinnenwelt und Geisteswelt, also einer Welt der Dualität und einer Welt spiritueller Nicht-Unterschiedenheit, die vom erlebenden Bewußtsein, in einem Akt wiedergewonnenen Ur-Wissens, zu der einen einzigen vollständigen Welt verschmelzen müssen. Die Grundidee des Buddhismus, nämlich über die Welt der Gegensätze hinauszugelangen, und damit gleichzeitig die buddhistische Logik der Identität der Gegensätze, sind nirgendwo sonst so klar und überzeugend dargestellt worden wie in diesem

ersten Teil des Buches, und zwar an Hand von Bei-
spielen wie etwa dem Gespräch Meister Daitos mit
Kaiser Hanazono oder dem bekannten Koan von
Paichang und dem Mann in Gestalt eines wilden
Fuchses. Dieses Zitat gibt dann Suzuki Gelegenheit,
das Problem des Karma, seiner Fesseln und deren
Lösung, und damit auch den Widerspruch zwischen
Leben und Tod, zu behandeln, Gedankengänge, die
in der Erschließung des wahren spirituellen Selbst-
Bewußtseins ihren Höhepunkt haben.

Diese grundlegenden Erkenntnisse, die im ersten
Teil, wie schon gesagt, in allgemeinen Formulierungen dargeboten werden, erweisen sich im zweiten
Teil als entscheidende Hilfe für das Verständnis der
Hua-Yen-Philosophie, die selber die exakteste Darstellung jener religiösen Ur-Wahrheiten und der mit
ihnen verbundenen Erfahrungen ist. Dieses Hua-
Yen ist eine Schöpfung des chinesischen Geistes, die
in Japan unter dem Namen Kegon von großem und
oft entscheidendem Einfluß auf das philosophische
Denken geworden ist und dementsprechende Ausprägungen gefunden hat. Suzuki, dessen Ausführungen zunächst für japanische Hörer bestimmt
waren, verwendet daher für die denkerischen
Grundbegriffe die japanischen Ausdrücke. Da
jedoch sowohl Garma C. C. Chang in seinem Stan-
dardwerk »Die buddhistische Lehre von der Totalität – Die Philosophie des Hua-Yen-Buddhismus«,
wie auch alle anderen Autoren, die sich mit dieser
Philosophie befaßt haben (Francis H. Cook, Al-

fonso Verdu, Steve Odin u. a.), ausschließlich die chinesischen Ausdrücke benutzen, wurden auch in der vorliegenden deutschen Übersetzung die japanischen Bezeichnungen durch die entsprechenden chinesischen ersetzt, um auf diese Weise jede unnötige Verwirrung des Lesers zu vermeiden. Es wird also einheitlich von Hua-Yen gesprochen, statt von Kegon. Und für die denkerischen Grundvorstellungen der Lehre wird Li für Prinzip oder Wirklichkeit und Shih für Materie oder Form verwendet. Dieser Entschluß ist umso verständlicher als inzwischen der lehrliche Zielbegriff des Hua-Yen: Shih-shih Wu-ai, in dieser seiner chinesischen Formulierung in das Denken und Erleben westlicher Buddhisten und Philosophen eingegangen ist.

Die Kenntnisnahme der Hua-Yen-Philosophie an sich erscheint freilich unerläßlich, wenn man die Lehre des Erleuchteten – besonders in der Ausformung des Zen – wirklich in ihrer ganzen Tiefe verstehen oder doch erahnen will. Das Hua-Yen ist zweifellos die großartigste Leistung des chinesischen Mahayana-Buddhismus auf seiner höchsten Ebene, wovon ein gewissenhaftes Durchmeditieren von Fa-tsangs »Traktat vom Goldenen Löwen« einen ersten überzeugenden Eindruck zu vermitteln vermag – zu dessen Erweiterung die Meditation anderer Hua-Yen-Texte hinzutreten sollte. Das Avatamsaka-Sutra (oder Hua-Yen-Sutra), auf dem diese Philosophie basiert, wird von den chinesischen Buddhisten rechtens als »König aller Sutras«

bezeichnet. Denn das Hua-Yen, die Lehre von der Totalität oder Ganzheit des universalen Seins, ist die Doktrin, der es am besten und umfassendsten gelungen ist, den ursprünglichen Bereich der Buddha-Natur, soweit er überhaupt rational denkerisch faßbar ist, für die menschliche Erlebnisfähigkeit begreiflich und erfahrbar zu machen.

Zum Schönsten des vorliegenden Buches gehört es dabei, wie Suzuki, nach all den im Bild vom Goldenen Löwen vermittelten philosophischen Gedankengängen, zeigt, daß hinter allem zuletzt die Einfachheit unmittelbaren Erlebens stehen muß, wie sie etwa in den Aussprüchen von Shoma auf uns gekommen ist, die Suzuki im abschließenden Teil seines Vortrages zitiert und die reinste und edelste Dokumente des »Großen Mitfühlenden Herzens« sind. Der Gipfel der Hua-Yen-Führung, die das Rationale bis an die äußerste Grenze vortreibt, war im VII. Abschnitt des »Goldenen Löwen« erreicht worden, in den »Zehn geheimnisvollen Toren« oder Zugängen zum ewigen Bereich der alles umschließenden, unendlichen Totalität des Universums. Die zutiefst nahegehenden, rührenden Äußerungen Shomas sind das unmittelbare Gegenstück dazu. Es sollte in diesem Zusammenhang nicht übersehen werden, daß Suzuki in seinem Buch Prajna, diesen Schlüsselbegriff buddhistischer Ur-Erfahrung, mit dem Wort »Herz« übersetzt, also einer gerade für den westlichen Menschen höchst sinnführenden Metapher, zu der er ergänzend einen wichtigen, aufschlußreichen Satz von Pascal zitiert.

Han Shan berichtet in seiner Autobiographie, wie sehr die Hua-Yen-Lehre an seine innerste Tiefe gerührt hatte, weil sie ihn erkennen und schauen ließ, »wie die unzähligen Buddha-Welten einander wechselseitig durchdringen und wie Urgrund und Erscheinung sich in einem unaufhörlichen ›gegenseitigen Ineinanderübergehen‹ befinden, einem Zustand des ständigen Hinübergehens und Wiederzurückkommens bei gleichzeitiger Unveränderlichkeit«. Und er fügt hinzu: »Jetzt verstand ich erst, wie sich Körper und Geist gegenseitig durchdringen, ohne jede Behinderung – und war frei von allem Zweifel.«

»In der Welt sein, wie wenn man nicht in der Welt wäre«, das ist eine der Formulierungen Suzukis, und das heißt, in der Welt des Li und damit schon hier in der – mißverständlicher Weise – als »Jenseits« bezeichneten Welt leben, und dennoch gleichzeitig in der »Diesseits«-Welt des Shih unermüdlich zu wirken und tätig zu sein, im klaren Wissen, daß diese beiden Welten nicht voneinander zu trennen, sondern nur gemeinsam die eine einzige ganze Welt sind. Das ist nicht nur der Schlüssel zur Welt des Hua-Yen, sondern zum richtigen Leben überhaupt. Für den Weg dorthin kann Suzukis Buch, das wahrhaft die Quintessenz des Buddhismus vermittelt, eine entscheidende Hilfe sein.

Ernst Schönwiese

I. TEIL

Ehe ich über den Buddhismus spreche, möchte ich
einige Worte über Religion im allgemeinen sagen.
Denn der Buddhismus ist eine Religion und auch
von ihm wird – ebenso wie von anderen Religionen
– oft behauptet, er habe keinen unmittelbaren Kontakt mit dem Leben. Viele Menschen glauben, daß
sie ganz gut ohne Religion auskommen können.
Andere sagen, daß Religion nur bloßer Aberglaube
sei und daß die Frage, ob es Himmel und Hölle gäbe
oder nicht, sie in keiner Weise beunruhige. Und
wieder andere gehen noch weiter und bezeichnen
die Religion als Opium für die Massen, als ein Mittel, dessen sich die Kapitalisten bedienen, um die
Menschen ihrem Willen blind gehorsam zu
machen. Wenn man so über den Buddhismus als
Religion denkt, verkennt man vollständig die Rolle,
die Religion in unserem täglichen Leben spielt oder
spielen sollte.

Die meisten von uns nehmen gewöhnlich an, daß
es eine Welt der Sinne und des Verstandes, und eine
Welt des Geistes gibt, und daß die erste die Welt ist,
in der wir wirklich leben und die daher die wirkliche
und uns vertraute ist, während die andere nur in
unserer Vorstellung lebt, falls sie nicht überhaupt
gänzlich unexistent ist. Aber selbst wenn die
Existenz der Welt des Geistes nicht verdrängt, sondern akzeptiert wird, pflegt sie meist der Einbildungskraft von Dichtern, Phantasten und sogenannten Spiritualisten zugeordnet zu werden; vom
echten religiösen Standpunkt aus jedoch ist gerade

die Welt der Sinne eine verstandeshafte oder be-
griffliche Rekonstruktion dessen, was dem Geist
unmittelbar offenbar ist. Die realere ist daher die
geistige Welt und nicht die Welt der Sinne. Daß dem
so ist, erkennen wir erst nach schwierigen und ver-
zweifelten Denkumwegen, das heißt, nach vielen
vergeblichen Versuchen, die letzte Wirklichkeit zu
erreichen, die wir in der Welt der Sinne nicht zu finden vermögen.

Die Welt der Sinne ist ein Bereich der Mannigfal-
tigkeit, darin alles einem ständigen Wechsel unterworfen ist, der uns niemals Frieden zu geben vermag. Wir wünschen irgendwie durch die Welt des
ständigen Werdens hindurchzustoßen. Die angeb-
liche Realität und Vertrautheit der Sinnenwelt
scheint uns dauernd von ihr wegzudrängen, anstatt
uns ihr näherzubringen, denn sie hat keine Antwort
auf unsere inneren Sehnsüchte, die unbezweifelbar
aus der vorgeblich nur der Phantasie entsprungenen
Welt aufsteigen, die den Sinnen vollständig verborgen bleibt. Aber was da als bloße Phantasie angesehen wurde, ist es keineswegs; es ist vielmehr das
Allerkonkreteste, Realste und Substantiellste, und
damit das, wonach wir uns immer zutiefst gesehnt
haben.

Die Sinnenwelt der Mannigfaltigkeiten ist der Bereich der Analyse durch den Verstand; wir können
auch sagen, der Verstand hat die Sinnenwelt
erdacht. Wenn wir glauben, die Welt zu verstehen,
heißt das nur, daß wir sie verstehen, soweit es unser

verstandesmäßiges Denken betrifft. Aber der Verstand reicht nicht bis zu jenem Leben, wie wir es innerlich leben, wir fühlen immer etwas in uns, dem der Verstand nicht den vollen Frieden zu schenken vermag und das anderweitig seine Erfüllung sucht. Deshalb ist unser Leben so reich an Widersprüchen und Konflikten. Doch die meisten von uns nehmen das nicht zur Kenntnis und nur wenn ihnen diese Tatsache irgendwie bewußt wird, beginnen sie sich mit dieser Situation ernsthaft auseinanderzusetzen.

Wenn wir auf diese Weise anfangen, nach der Wahrheit zu suchen, gelangen wir schließlich zur geistigen Welt oder richtiger: die geistige Welt bricht in die Welt der Sinne und des Verstandes ein. Sobald dies geschieht, ändert sich die ganze Ordnung der Dinge; das Logische ist nicht mehr logisch, die Rationalität verliert ihre Bedeutung, denn nun ist das Reale das Nicht-Reale und das Wahre das Nicht-Wahre. Genauer gesagt, das Wasser fließt nicht mehr im Fluß, die Blumen sind nicht mehr rot und die Weiden sind nicht mehr grün. Es ist das überraschendste Ereignis, das im menschlichen Bewußtsein stattfinden kann. Dieser Einbruch der geistigen Welt in die Welt der Sinne und des Verstandes führt zum Umsturz jeder Erfahrungsform, die dort vorgeherrscht hat. Aber das ist nicht alles, denn dieses Geschehen ist begleitet von einem zweiten überraschenden Ereignis, das darin besteht, daß diese Negationen oder Widersprüche, trotz ihrer alles verändernden Gewalt, die Welt der

Sinne und des Verstandes unserer Alltagserfahrung keineswegs zunichte machen, denn das Wasser beginnt wieder zu fließen und die Berge ragen wieder in den Himmel empor.

Wenn diese Bilder auch die einzige Möglichkeit des Zen-Meisters sind, um der auf Grund seiner geistigen Einsicht gewonnenen Weltschau Ausdruck zu geben, so ist es doch für die meisten von uns nicht leicht, deren Sinn vollständig zu erfassen. Wenn wir Zuflucht bei der gewöhnlichen Terminologie suchen, werden wir erkennen, daß der Zen-Meister meint, daß unsere Alltagserfahrung ihre wahre Bedeutung erst im Verhältnis zur geistigen Ordnung des Seins erlangt und daß, solange wir nicht in Fühlung mit dieser Ordnung sind, alles, was wir für real halten, keineswegs real ist und nicht mehr Wirklichkeit besitzt als ein bloßer Traum; nur wenn die geistige Welt in lebendiger Weise sich dieser Welt aufprägt, kann diese eine neue Bedeutung erlangen, die unserem Leben Sinn gibt.

Hier ist eine Warnung nötig, denn diese häufigen Rückbezüge auf die geistige Welt könnten zu dem Glauben führen, daß es in Wirklichkeit zwei getrennte, unabhängige Welten gäbe: die geistige und die sinnenhaft-verstandesmäßige. Aber wir müssen uns erinnern, daß dies nur zwei gedanklich unterschiedene Aspekte der einen ganzen Welt sind. Wenn wir diese Tatsachen nicht erkennten, würden wir fälschlich an zwei unabhängige Welten glauben, von denen jede die andere verneint. Wir müssen noch einen Schritt weitergehen und feststellen, daß diese relative Welt, in der wir glauben, daß wir leben, keine andere ist als die Geist-Welt selbst. Tatsächlich gibt es nur *eine* vollständige, ungeteilte, ganze Welt und nichts anderes. Nur unsere gedanklichen Überlegungen haben uns dazu geführt, daß wir von der Geist-Welt sprechen, wie wenn sie eine realere Welt wäre als die Welt der Sinne, oder umgekehrt von der Welt der Sinne als wäre sie wirklicher als die Geist-Welt. Aber die Trennung ist eine Erfindung unseres Denkens; was gar nicht geteilt werden kann, wird geteilt, wie wenn es teilbar wäre, und sobald geteilt ist, glaubt der eine Teil so real zu sein wie das unteilbare Ganze.

In der einen vollständigen Welt ist es, genau genommen, unmöglich, sich entweder auf den Geist oder auf die Sinne und den Verstand zu berufen. Sie sind absolut eins. Es gibt in dieser Einheit keine Möglichkeit für Begriffe der Unterscheidung und des Unterschieds; in Wahrheit ist hier weder Sprechen noch Denken möglich; wahrscheinlich ist absolutes Schweigen die einzige Art, etwas davon zu beschreiben. Doch selbst Schweigen, wenn man es im Gegensatz zu Verlauten oder Sprechen versteht, wird sicher das Entscheidende verfehlen. Und solange wir Menschen sind und in Gemeinschaft leben, können wir nicht ewig stumm bleiben; notwendiger Weise steigen Worte in uns auf und wir sagen: »Es werde Licht!« Das Licht erscheint und siehe da! auch die Finsternis kommt mit ihm; und beide, Licht und Finsternis, lassen eine Welt der Gegensätze entstehen und wir halten diese Welt für Wirklichkeit. Aber sie ist Illusion, geschaffen vom Verstand, wie unvermeidlich der Vorgang auch gewesen sein mag, denn es besteht keine Möglichkeit für uns, dieser Intellektualisierung zu entgehen. Nichts desto weniger ist sie eine Illusion, weil sie nicht wahrhaft das Eine, so wie es an sich ist, repräsentiert.

Das alles kann auch auf folgende Weise ausgedrückt werden: Was wir wahrhaft und wirklich haben, ist die eine geistige Welt, das heißt, das Eine, unterschiedslos, unbestimmt, nicht unterschieden, undifferenziert. Aber unser menschliches Bewußtsein ist so beschaffen, daß es in diesem Zustand der Einheit, der Gleichheit (Identität) nicht zu bleiben vermag und wir beginnen, über ihn nachzudenken, um uns seiner bewußt zu werden, ihn klar zu definieren, ihn zum Gegenstand unseres Besinnens zu machen, ihn zu zergliedern, sodaß die Energie, die seit Ewigkeit in Schweigen und Inaktivität verschlossen war, sich zu Lauten wandelt und sich in der Dynamik menschlicher Aktivitäten manifestiert. Das Eine, soweit wir es zu begreifen vermögen, hat aufgehört, unbestimmt, ungeschieden, undifferenziert zu sein. Das Ergebnis ist eine Welt unendlicher Vielfalt und Zusammengesetztheit. Aber wir dürfen uns das nicht so vorstellen, daß das Auseinanderbrechen des Einen in das Viele ein Geschehen innerhalb eines Zeitablaufs wäre. Wenn wir es so sehen, kommen wir unvermeidlich zu dem Schluß, daß es einmal eine Zeit gab, zu der nichts als die vollständige Welt an sich existierte, ihrer selbst bewußt, und daß diese sich mit der Zeit zu der Vielheit der Dinge usw. entwickelt hat. So vorgestellt, bliebe die Welt dem Mahlstrom der phänomenalen Kräfte überantwortet und wir würden dann zum Spielball gegensätzlicher Ideen und Werte. Wir verlören für immer unser geistiges Gleichgewicht, und hätten uns hoffnungslos und unentrinnbar in eine Welt der Gegensätze verirrt.

Um dieser Tragödie zu begegnen, müssen wir uns erinnern, daß die Welt des Geistes gerade hier ihr Sein hat und wir in ihr, und daß wir sie nie verlassen haben. Auch wenn wir Sklaven der Vielheit und Spielzeuge der dualistischen Verstandeshaftigkeit zu sein scheinen: die Welt des Geistes umgibt uns, sie kreist durch uns hindurch und hat ihr Zentrum in unserer täglichen Arbeit. Aber man könnte sagen, der vor unvordenklichen Zeiten verlassene Geist sei gar kein Geist und wir hätten nichts mehr mit ihm zu tun, weil er uns jetzt nichts zu nützen vermag. Dieser intellektuelle Irrtum könnte uns von der einen vollständigen Welt des Geistes noch weiter wegführen, weil wir sie damit als eine Welt sähen, die neben der Welt der Besonderheiten besteht. Wir könnten dann nicht vorsichtig genug sein hinsichtlich der polaren Bindung der Gegensätze, aus Furcht, dieser intellektuelle Irrtum vermöchte uns den geistigen Horizont für immer zu verstellen.

Die Fähigkeit des Menschen zu denken, ist, wenn man es sich recht überlegt, die fragwürdigste Sache, die jemals erfunden worden ist – niemand weiß, von wem; vielleicht von einem höchst übelwollenden und gleichzeitig höchst liebevollen Geist. Diese Fähigkeit wirkt in zwei gegensätzlichen Richtungen, manchmal heilsam und günstig, aber viel häufiger in unheilvoller Weise. Die Illusion des Verstandes hat diese Welt der Dualitäten ins Leben gerufen und so wissen wir zwar, woher wir kommen und wohin wir zurückkehren, gehen uns aber selber verloren und irren ziellos umher. Der Verstand kann dazu benützt werden, sich selbst zu widerlegen und das von ihm errichtete Gefängnis wieder zu zerstören. Um einen Holzklotz zu spalten, bedarf es eines Keils, und um den ersten hineinzutreiben, ist ein weiterer Keil vonnöten, ein Vorgang, der unbegrenzt oft wiederholt werden muß.

Das menschliche Leben ist einfach ein Bündel von Paradoxen und Widersprüchen; der Verstand als solcher vermag daraus niemals hinauszugelangen, sondern wird sich nur immer verzweifelter in den selbstgeschaffenen Problemen verirren. Die Buddhisten nehmen deshalb Paradoxe als Paradoxe hin und beschreiben oder erklären das Leben als den Unterschied des Nicht-Unterschiedes oder als die Unterscheidung der Nicht-Unterscheidung. Für den Verstand entspricht die Welt des Geistes einer Welt des Nicht-Unterschieds und der Nicht-Unterscheidung, und die Welt der Sinne einer Welt des

Unterschieds und der Unterscheidung. Aber rein logisch verstanden, ergeben die Begriffe Nicht-Unterschied oder Nicht-Unterscheidung an sich keinen Sinn, weil die Dinge das, was sie sind, durch Unterschied und Unterscheidung sind: Nicht-Unterschied oder Nicht-Unterscheidung bedeutet daher Nicht-Existenz. Die Welt des Geistes ist daher nicht existent, wenn sie für sich selbst bestehend gedacht wird; sie kann nur existieren in Relation zu einer Welt des Unterschieds. Aber in buddhistischer Sicht ist die Welt des Nicht-Unterschieds nichts Relatives, sondern etwas Absolutes; sie ist die eine absolute Welt, die durch sich selbst existiert und keines Relativen zu ihrer Stütze bedarf. Wir mögen uns fragen, ob solch eine Existenz für den menschlichen Geist überhaupt faßbar ist. Nein, verstandesmäßig nicht. Daher der paradoxe Ausdruck Unterschied des Nicht-Unterschieds und Unterscheidung der Nicht-Unterscheidung oder, es umkehrend, der Nicht-Unterschied des Unterschieds und die Nicht-Unterscheidung der Unterscheidung.

Anders ausgedrückt: Wir können feststellen, daß das Leben, wie wir es leben, die Identifikation der Widersprüche und nicht die Einswerdung oder Synthese der Gegensätze ist. Rot ist rot und nicht-rot, die Hand ist die Hand und nicht die Hand. Wenn wir sagen, daß ein Ding ist, so ist das eine Bejahung; wenn wir sagen, daß es nicht ist, so ist das eine Verneinung. Das gilt für die Welt des Unterschieds und es gehört zum Wesen des Unterschieds, daß es so ist;

Verneinung und Bejahung können nicht beide gleichzeitig auf den selben Gegenstand angewendet werden. Aber das gilt nicht für die buddhistische Logik der Identität, denn hier bedeutet Verneinung nicht notwendigerweise eine Verneinung, noch Bejahen eine Bejahung; im Gegenteil, die Bejahung ist eine Verneinung und die Verneinung eine Bejahung. Das heißt nicht, daß die Verneinung eine Bejahung enthält, was ein Logiker daraus schließen könnte, denn für die Buddhisten gibt es kein derartiges Mitenthaltensein, noch irgendeine Mehrdeutigkeit, sondern diese Feststellung ist ganz und gar geradehin und direkt gemeint. Wir können das eine Logik der Identität nennen, bei der es sich weder um eine Einswerdung noch eine Synthese handelt. Hier ein Beispiel für die Richtigkeit dieser Logik: Wenn ein Zen-Meister seine Hand ausstreckt und fragt: »Warum nennt man das eine Hand?« wird er dem, der nicht sofort antwortet, vielleicht ein Stück Kuchen anbieten und sagen: »Versuche das einmal, mein Freund, es ist köstlich.« Das ist ein Beispiel für eine Unterscheidung der Nicht-Unterscheidung.

Zu Beginn dieses Vortrages wurde schon darauf hingewiesen, daß oft geglaubt wird, eine Welt des Geistes existiere nur neben und parallel zu der Welt der Sinne. Wir wissen jetzt, daß diese Annahme gleichzeitig falsch und nicht falsch ist. Für den Verstand ist die Trennung der beiden Welten durchaus annehmbar; aber wenn die beiden getrennt bleiben und sie einander nicht gegenseitig durchdringen oder sich miteinander verbinden, erweist sich der Dualismus als verhängnisvoll, weil er unvereinbar ist mit dem Leben, wie es von uns tatsächlich gelebt wird. Unsere Erfahrung steht im Widerspruch zu dieser dualistischen Interpretation, denn die Welt des Geistes ist keine andere als die Welt der Sinne und die Welt der Sinne keine andere als die Welt des Geistes. Es gibt nur *eine* völlig ganze Welt. Wenn ich daher sage, daß der Geist zur Welt der Nicht-Unterscheidung gehört und die Sinne zu der der Unterscheidung, müssen wir uns der Logik der Identität erinnern, in der die beiden Welten gleichzeitig eine und nicht-eine sind. Das ist ein schwieriger Gedanke, der äußerst schwer zu verstehen ist.

Die buddhistische Vorstellung vom unterschiedenen Nicht-Unterschied oder der unterscheidenden Nicht-Unterscheidung übersteigt zweifellos unsere intellektuelle Fassungskraft, und wir erkennen, daß das religiöse Leben nicht mit dem Verstand begriffen werden kann. Das heißt aber nicht, daß die Religion gänzlich beiseite zu lassen ist, weil sie der Ratio unerreichbar bleibt, denn all unser Reden und Sprechen stützt sich auf den Verstand, mit dessen Hilfe der Mensch sich bemüht, eine widerspruchsfreie Erklärung seiner Erfahrung zu geben. Irrationalität ist auch eine Form der Verstandeshaftigkeit. Wir können ihr nicht entgehen. Gefährlich wird es dann, wenn man die Erfahrung zugunsten des Verstandes negiert, denn die Fakten des

Lebens lehren uns, daß der Verstand aus der Erfahrung hervorgeht und nicht umgekehrt. Der Verstand hat sich nach dem Leben zu richten, und wenn einer Sache mit dem Verstand nicht beizukommen ist, dann hat der Verstand sich zu bescheiden. Der Glaube stärkt das Leben, der Verstand tötet es. Deshalb nimmt die Religion im allgemeinen eine antagonistische Haltung gegenüber dem Verstand ein und manchmal wird sogar kurzerhand gefordert, ihn ganz loszuwerden, wie wenn er ein Erzfeind der Religion wäre. Diese Haltung wäre jedoch falsch und verkehrt, denn sie bedeutet in Wirklichkeit eine Unterwerfung der Religion unter ihren »Feind«. Wer wirklich versteht, was mit der unterscheidenden Nicht-Unterscheidung gemeint ist, wird den Verstand an sich nicht befehden, denn dieser ist im Grunde ein Diener der Religion. Durch ihn vermögen wir zu erkennen, daß die Religion ihren eigenen Ursprung hat, dem sie immer zugewendet bleibt.

Das Gefährliche an der Verstandeshaftigkeit ist, daß sie auf Grund ihrer dualistischen Denkweise die Vorstellung eines »Ich« in Gang setzt und dessen trügerischer Wirklichkeit einen besonderen Platz in der menschlichen Erfahrung einräumt. Solange der Verstand auf sein eigenes Gebiet beschränkt bleibt, geht alles gut. Aber in dem Augenblick, in dem er diesen Bereich überschreitet und sich auf ein Gebiet begibt, das ihm nicht zusteht, ist das Ergebnis verhängnisvoll. Denn dieser Schritt bedeutet, daß das

Ich als Realität genommen wird, und das führt notwendiger Weise zu einem Konflikt mit unserer ethischen und religiösen Bewertung des menschlichen Lebens; es steht auch im Gegensatz zu unserer geistigen Einsicht in die Natur der Dinge. Das Ich ist, wie wir alle wissen, die Quelle aller Übel. Die Meister aller Religionen lehren uns, von der Vorstellung »Ich« loszukommen, weil sie – z. B. für einen Christen – eine unübersteigbare Schranke zwischen Gott und dem Menschen errichtet; oder sie führt – etwa bei einem Buddhisten – zu einer Anhäufung schuldhafter Verfehlungen und verstärkt damit gleichzeitig die Fesseln des Karma. Der Verstand ist aus diesem Grunde im Bereich der religiösen Erfahrung niemals gern gesehen. Es wird uns immer wieder gesagt, wir müßten einfach und unwissend werden, weil die religiöse Wahrheit, und das ist die spirituelle Wahrheit, nur solchen Seelen zuteil wird.

Die Buddhisten sprechen oft vom »Großen Tod« und meinen damit: für das gewöhnliche Leben gestorben zu sein, einen Tod, der dem analysierenden Verstand ein Ende setzt und uns von der Idee eines Ich befreit. Sie sagen: Töte mit einem einzigen Streich diesen Verstand, der sich in alles einmischt und wirf ihn den Hunden vor. Das ist ein ungewöhnlich klingender Satz, aber sein Sinn ist klar: Es gilt, den Verstand zu transzendieren und über die Welt der Unterschiedenheiten hinauszugelangen. Denn die Geisteswelt des Nicht-Unterscheidens[1]) wird ihre Tore nicht öffnen, ehe der die Unterschiede schaffende Geist bis auf die Grundfesten zerstört ist. Erst dann kann Prajna entstehen, die alles erleuchtende Weisheit. Vijnana, der egozentrische Geist des Unterscheidens, ist jetzt erleuchtet und verwandelt sich in Prajna, das seinen eigenen geraden Weg des Nicht-Unterscheidens und der Nicht-Unterscheidung gehen wird. Vijnana, das unserem normalen Bewußtsein entspricht, muß seinen Weg verfehlen, wenn es in dem Labyrinth endloser Verwicklungen nicht vom Licht des Prajna geleitet wird. Prajnas alles erleuchtendes Licht aber löscht die Unterschiede nicht aus, sondern läßt sie deutlicher und klarer in ihrer spirituellen Bedeutung hervortreten, denn das Ich ist jetzt tot und erkennt sich jetzt selbst im Spiegel des Nicht-Unterschieds. Wir dürfen jedoch nicht annehmen, daß Prajna getrennt von Vijnana existiert oder umgekehrt. Trennung bedeutet Unterschied und wo es Unterschied gibt, gibt es kein Prajna, und ohne Prajna geht Vijnana in die Irre. Prajna ist das Prinzip des Nicht-Unterscheidens, das jeder Form von Unterschied und Unterscheidung zugrunde liegt. Um dies zu verstehen, das heißt: um aus der Sackgasse des Verstandes herauszukommen, muß man, wie die Buddhisten sagen, durch den »Großen Tod« hindurchgegangen sein.

Daher ist Prajna ein Wissen, das weiß und doch nicht weiß, ein Verstehen, das nicht versteht, ein Gedanke, der nicht gedacht wird. Es ist eine von Gedanken erfüllte Nicht-Gedankenhaftigkeit. Es ist ein Ohne-Denken-Sein, aber nicht im Sinne von Nicht-Bewußtsein, sondern im Sinne von:

> »Die Kirschbäume blühen jedes Jahr in den Yoshino-Bergen,
> Aber spalte den Baum und zeig mir, wo die Blüten sind!«

Oder:

> »Wie oft bin ich den Strand entlang gewandert,
> In der Erwartung, daß sie kommen würde,
> Während ich nichts hörte,
> Als den Wind, der durch die Kiefernnadeln strich.«

Ohne-Denken-sein oder Freisein von Gedanken oder Nicht-Gedankenhaftigkeit – das alles sind unbeholfene Ausdrücke, aber es gibt keine entsprechenden Worte, um den buddhistischen Begriff *mushin* (wörtlich »Nicht-Verstand«) oder *munen* (wörtlich »Nicht-Denken«) auszudrücken. Die Absicht ist, das unbewußte Wirken des Geistes auszudrücken, aber dieses Unbewußtsein darf nicht psychologisch interpretiert werden, sondern es spielt auf einer spirituellen Ebene, wo keine »Spuren« diskursiven oder analytischen Verstehens mehr zu finden sind, und wo die Macht unserer Verstandeshaftigkeit ihre Grenzen erreicht hat. Es ist die Kehrseite des Bewußtseins im weitesten Sinne und umschließt das Bewußte wie das Unbewußte. Wenn Ohne-Denken-sein so definiert wird, erkennen wir, daß die wahren Buddhisten nicht den gleichen Weg gehen, den wir dualistisch-denkenden Menschen einzuschlagen gewohnt sind.

Prajna ist somit *achintya*, »jenseits des Denkens« oder »nicht-denkend«. Alles Denken setzt das Unterscheiden zwischen diesem und jenem voraus, denn denken heißt trennen, analysieren. *Achintya*, nicht-denkend, bedeutet nicht trennen, das heißt, über alle Verstandeshaftigkeit hinauszugelangen. Die ganze buddhistische Lehre dreht sich um diese zentrale Vorstellung des Nicht-Denkens oder Ohne-Denken-Seins oder Nichtverstandeshaftigkeit oder *achintya-prajna*, indem sie zeigt, daß die spirituelle Wahrheit von der rationalen Verstandeshaftigkeit nicht erfaßt werden kann.

Um es zu wiederholen: Die spirituelle Welt des Nicht-Unterschieds und der Nicht-Unterscheidung besitzt getrennt von der Welt des Verstandes keine eigene Existenz, denn auf Grund einer solchen Trennung wäre sie keine Welt der Nicht-Unterscheidung und hätte keine lebendige Verbindung mit unserem täglichen Leben. Worauf die Buddhisten in ihrer Philosophie mit allem Nachdruck bestehen, ist das Verschmelzen der zwei gegensätzlichen Begriffe: Unterschied und Nicht-Unterschied, Denken und Nicht-Denken, Rationalität und Irrationalität usw. Dann raten sie uns, nicht zu versuchen, das Verschmelzen der Gegensätze auf logische Weise erfassen zu wollen, denn ein solches Verschmelzen ist, soweit es die formale Logik betrifft, der Gipfel der Absurdität. Wir sollten stattdessen das

Verschmelzen selbst erlebend vollziehen in jenem Bereich, wo das Nicht-Denken und alle Formen des Denkens sich gegenseitig durchdringen, das heißt: die Unmöglichkeit eines Bewußtseins getrennt vom Hintergrund absoluten Nichtbewußtseins erfahren – nicht psychologisch, sondern spirituell.

Diese Wahrheit des spirituellen Verschmelzens zu erleben bedeutet, die irrationale Rationalität der Nicht-Unterscheidung zu erfassen und dadurch zu verstehen, daß zwei gegensätzliche Begriffe identisch sind, das heißt: A ist Nicht-A und Nicht-A ist A. Es heißt, Prajna selbst zu werden, sodaß es keinen Unterschied zwischen dem Subjekt und dem Objekt der Intuition mehr gibt und trotzdem ein klares Wahrnehmen des Unterschieds bestehen bleibt – das heißt: des Unterschieds des Nicht-Unterschieds und des Unterscheidens des Nicht-Unterscheidens. Auf der rationalen Ebene ergibt das keinen Sinn; trotzdem ist es unerläßlich, eine durch nichts zu erschütternde Einsicht in diese grundlegende Wahrheit von der absoluten Identität der Gegensätze zu haben. Diese Einsicht oder Verwirklichung oder Wahrnehmung oder Intuition, welchen Begriff wir auch immer verwenden mögen, ist gleichbedeutend mit dem Erwachen von Prajna, dem Erreichen von Bodhi oder der Erleuchtung, ein Buddha werden, ins Nirvana eingehen, im Reinen Land, dem Westlichen Paradies, geboren werden; in der Hindu-Philosophie bedeutet es, ein zweites Mal geboren zu werden; im Neuen Testament: das Aufgeben des Lebens, um es zu gewinnen.

Um es klar auszudrücken: die Religion fordert von uns, alles abzulegen, das wir angenommen haben und das uns doch nicht wirklich zugehört. Unter dem Vorwand, uns warm zu halten, ziehen wir Kleider an, die in Wirklichkeit dazu dienen, uns mehr scheinen zu lassen als wir sind. Wir bauen weitaus größere Häuser, als wir wirklich brauchen, weil wir unseren Reichtum oder sozialen Status oder unsere politische Macht zeigen wollen. Aber das alles sind Dinge, die uns nicht im geringsten bedeutender machen als wir es wirklich sind. Wenn wir unser wahres Sein ehrlich prüfen, erkennen wir, daß dies alles nichts mit uns zu tun hat. Im Angesicht des Todes werden wir keine Zeit haben, darüber nachzudenken. Selbst gegenüber unserem eigenen Körper haben wir das Gefühl, daß er uns nicht eigentlich zugehört.

Der spirituelle »Mensch« hängt von keinen Äußerlichkeiten ab. »Im Bad erkennt man den wahren Menschen«, wie die Kaiserin Wu der T'ang Dynastie einmal bemerkte, als sie buddhistische Mönche in ein Bad schickte. Wenn man sich nicht vor den Blicken anderer verbergen kann, kommt man zu sich selbst, befreit von Unterschieden und Unterscheidungen. Wenn diese auch nicht abzulehnen, zu übersehen oder zu verneinen sind, so müssen wir, falls wir nach völliger Erleuchtung streben, früher oder später uns nackt vor einen geistigen

Spiegel stellen, völlig nackt, ohne weltliche Titel, ohne besonderen Rang, ohne materielle Hilfen, jeder für sich und absolut allein: dann spricht Buddha zum Buddha, dann hat das Wort Gültigkeit: »Ehe Abraham war, war ich«, und der Satz: »*Tat twam asi*« (Das bist Du).[2])

Kaiser Hanazono (der von 1308 – 1317 regierte), ein frommer Buddhist, lud einmal Daito, den Lehrer der Nation (1282 – 1337) und Gründer des Dai tokuji-Klosters in Kyoto (1324) ein, über Buddhismus zu sprechen. Als Daito in seiner buddhistischen Robe erschien und sich gegenüber dem Kaiser gesetzt hatte, bemerkte dieser: »Ist es nicht unvorstellbar, daß der Buddha-Dharma (buppo) dem Königlichen Dharma (wobo) auf der gleichen Ebene gegenübertritt?« Daito entgegnete: »Ist es nicht unvorstellbar, daß der Königliche Dharma dem Buddha-Dharma auf der gleichen Ebene gegenübertritt?« Dem Kaiser gefiel die Antwort.

Dieses berühmte *mondo*[3]) gibt sehr zu denken. Die buddhistische Autorität (Buddha-Dharma), hier von Daito repräsentiert, ist die Welt des Geistes oder der Nicht-Unterschiedenheit im absoluten Sinne, und die königliche oder zivile Autorität (Königliches Dharma) ist die Welt der Unterschiedenheit. Solange wir in der dualistischen Welt der Unterscheidung leben, müssen wir ihren Gesetzen gehorchen. Ein Baum ist kein Bambusstrauch und ein Bambusstrauch ist kein Baum; ein Berg ist hoch und die Flüsse fließen; die Weide ist grün und die

Blume rot. In gleicher Weise ist, sozial gesehen, der Herr Herr und der Untertan Untertan. Daito war ein Untertan und mußte deshalb tiefer als der Kaiser sitzen, und die Bemerkung des Kaisers war in diesem Sinne erfolgt. Solange wir in der Welt des Verstandes sind, können wir kein Eindringen des irrationalen Geistes des Nicht-Denkens zulassen. Und weil der Kaiser in einer Welt der Unterscheidung lebte, konnte er natürlich die Existenz einer Welt, die über der seinen stand, nicht anerkennen und Daito mußte unter ihm stehen. Aber Daitos Aufgabe bestand darin, dem Kaiser ein Verständnis für die Welt des Geistes zu vermitteln. Solange der Kaiser auf seinem Standpunkt verharrte, würde er niemals fähig sein, zu begreifen, wie die Welt der Nicht-Unterscheidung über die Welt der Unterscheidung hereinbrechen und dort ihren Platz beanspruchen könne. In der Sprache des Zen: Daito entwand dem Kaiser die Waffe und verwendete sie gegen ihn. Der Kaiser erwachte und erkannte, daß der Königliche Dharma lediglich zur Welt der Unterscheidung gehöre und daß seine Autorität sich auf die alles durchdringende und gleichzeitig alles auslöschende Gegenwart des Absoluten Dharma gründete.

Dieses völlige Miteinander-Verbundensein von Unterscheidung und Nicht-Unterscheidung ist auf der Ebene des Verstandes und der Ratio unmöglich zu verstehen. Es gehört der Welt des Undenkbaren, *achintya*, an und ist nur dem Geist offenbart. Des

Kaisers Bemerkung kam aus der Welt der Unterscheidung, und die Fähigkeit, das »Undenkbare« zu erfassen, müßte darüber hinausgehen. Daito dagegen hatte seinen Standpunkt in der Welt der absoluten Nicht-Unterscheidung und sein Erfassen des »Undenkbaren« war deshalb nicht das des Kaisers. Beide benutzten denselben Ausdruck, aber dessen Bedeutung war jeweils polar entgegengesetzt. Dadurch bekommt jedes Wort eine doppelte Bedeutung: die eine ist rational, verstandeshaft, differenziert und relativ, die andere irrational, spirituell, nicht-differenziert und absolut. Aus diesem Grunde, heißt es, sei der Buddhismus so schwer zu verstehen. Aber wer einmal zur spirituellen Wahrheit des nicht unterschiedenen Unterschieds erwacht, der wird auch über die aufgewühltesten Wasser des Denkens ganz leicht hinübergelangen. Daitos Antwort muß den Kaiser bis zu einem gewissen Grad erleuchtet haben, denn er gestattete Daito, ihm weiterhin auf der gleichen Ebene gegenüber zu sitzen.

Als der Kaiser bei einer anderen Gelegenheit ein Gespräch mit Meister Daito führte, fragte er ihn: »Wer bleibt inmitten der zehntausend Dinge ohne Gefährten?«

Dieser Satz bezieht sich auf das Absolute, das sich jeder Analyse entzieht und das nicht seinesgleichen hat. Wenn der Kaiser wirklich jenes frühere *mondo* verstanden gehabt hätte, würde er das nicht mehr gefragt haben. Es muß offensichtlich noch etwas in seinem Kopf zurückgeblieben sein, das ihn nicht völlig zufriedenstellte; er bedurfte einer weiteren Erhellung. Der Meister gab ihm jedoch keine direkte Antwort, sondern gleichsam auf derselben Ebene wie sein erlauchter Fragensteller, also noch in der Welt der Unterscheidung stehend, bewegte er nur einen Fächer in seiner Hand und sagte:

»Ich freue mich schon seit langem, vom sanften Wind der kaiserlichen Brise umspielt zu werden.«

Das ist eine poetische Anspielung auf die milde, erfrischende Frühlingsbrise, die wir alle in gleicher Weise genießen, wie sich friedliebende Menschen des weisen Regierens eines spirituell gesinnten Herrschers erfreuen. Daito symbolisierte mit der Benutzung seines Fächers die Frühlingsbrise des Absoluten und einen daraus sich ergebenden Zustand geistiger Ruhe und Entspannung, die er der kaiserlichen Gnade zuschrieb. Wo aber ist das Absolute, das ohne Gefährten bleibt? Der Kaiser ist ein Absolutes, Daito ist eines und ich, der dies schreibt, sogar noch ein drittes: so viele Absolute und trotzdem alle eins im Absoluten. Unterscheidung ist Nicht-Unterscheidung und Nicht-Unterscheidung ist Unterscheidung.

Die Grundidee des Buddhismus ist, über die Welt der Gegensätze hinauszugelangen, einer Welt, die aus verstandeshaften Unterscheidungen und emotionellen Verwirrungen aufgebaut ist, und eine geistige Welt der Nichtunterschiedenheit zu verwirklichen, die das Erreichen eines absoluten Standpunktes voraussetzt. Doch das Absolute ist in keiner Weise von der Welt der Unterschiedenheit getrennt, denn das würde heißen, es dem unterscheidenden Verstand gegenüber zu stellen und so eine neue Dualität zu schaffen. Wenn wir von einem Absoluten sprechen, sind wir geneigt zu glauben, es müßte, als Verneinung der Gegensätze, in Opposition zum unterscheidenden Verstand gesetzt werden. Aber so zu denken, hieße, das Absolute in die Welt der Gegensätze hinunter zu drängen, was die Vorstellung eines größeren oder höheren Absoluten notwendig machte, das beide enthält. Kurz: Das Absolute ist in der Welt der Gegensätze und nicht getrennt von ihr. Das scheint ein Widerspruch und kann niemals verstanden werden, solange wir in einer Welt der Unterschiedenheit sind. Über diese Welt hinauszugehen, hilft ebenso wenig, wie in ihr zu verbleiben. Daher der intellektuelle Zwiespalt, dem wir alle so vergeblich zu entgehen streben.

Auf diese Vergeblichkeit hatte Meister Daito hingewiesen, als er lediglich schweigend seinen Fächer bewegte und in dichterischen Worten an die kaiserliche Gunst erinnerte. Daito verschwendete keine Zeit auf den Versuch, den Kaiser durch Argumente zu überzeugen, denn er wußte, daß jedes Verstehen der Wahrheit aus dem Leben selbst, so wie wir alle es leben, erwachsen müsse, auch bei dem erhabenen Herrscher, und nicht aus bloßem Reden über das Absolute. Daito vermied es absichtlich, auf das Thema von dem Einen ohne Gefährten einzugehen, von dem der Kaiser zu sprechen wünschte. Er wollte den Kaiser nicht den üblichen Weg des Verstandes führen; der Eine ohne Gefährten muß ohne Gefährten bleiben, das heißt, jenseits der Unterschiede und Unterscheidungen und doch nichtsdestoweniger mit und in ihnen. Um dies zu veranschaulichen, nahm Daito seine Zuflucht zu einer sehr wirkungsvollen Geste: das Absolute, das Eine ohne Gefährten, bewegte sich nicht nur mit dem Fächer des Meisters, sondern es ist der Meister und der Kaiser und alles andere auch.

Daraus geht klar hervor, daß wir, um den Buddhismus, und jede Religion, zu verstehen, jenseits des Bereichs des Verstandes gelangen müssen. Die Funktion des Verstandes ist, das Eine vom Andern zu unterscheiden und das Eine in Zwei zu teilen; wenn man daher nicht die Dualität, sondern das Eine sucht, muß auf andere Weise verfahren werden, um es zu erreichen. Doch dieses Eine ist nur vorstellbar in der Verbundenheit mit der Dualität. Dieses Verbundensein bedeutet aber nicht, daß das Eine in Opposition zur Dualität steht und durch diese bedingt wäre, in welchem Fall das Eine nicht mehr das Absolute, sondern nur das Eine der Dualität wäre. Das Eine muß mit und in der Dualität entdeckt werden und dennoch jenseits der Dualität, das heißt: Nicht-Unterscheiden ist im Unterscheiden und Unterscheiden im Nicht-Unterscheiden. Genauer gesagt: das Unterscheiden ist Nicht-Unterscheiden und das Nicht-Unterscheiden ist

Unterscheiden. Das ist keine Absage an den Verstand oder eine Aufhebung der Verstandestätigkeit, sondern vielmehr ein Versuch, mittels einer Methode des verneinenden Bejahens und bejahenden Verneinens bis auf deren Grund zu gelangen. Nur dank dieses doppelten Prozesses vermag der Verstand über sich selbst hinauszuführen, denn ohne über sich selbst hinauszugelangen kann der Verstand niemals sich von den Gegensätzlichkeiten, die er verursacht hat, befreien. Im Sinne christlicher Überlieferung können wir sagen, das ist das Leben in Christus, nachdem man dem Adam gestorben ist, oder Christi Auferstehung vom Tode. Paulus sagt: »Und wenn Christus nicht auferstanden wäre, würden unsere Worte eitel sein und euer Glaube würde ebenso eitel sein.« (1. Cor. 15,14). Man muß sterben, ehe man auferstehen kann, und diese Auferstehung ist für den Glauben annehmbar, aber nicht für den Verstand. Die Verschmelzung der Gegensätze, die Identität von Unterscheiden und Nicht-Unterscheiden, wird durch den Glauben erlangt, der eine persönliche Erfahrung ist: das Öffnen des Prajna-chakshu[4]) (»des Auges der transzendentalen Weisheit«), das Denken des Undenkbaren.

Prinz Shotoku (Prinzregent, 593 − 621), der Gründer des Horyuji-Tempels in Nara, schrieb Kommentare über drei Mahayana-Sutras: das *Saddharma-pundarika*, das *Vimala-kirti* und das *Srimala*. In ihnen wird das denkerisch nicht Faßbare buddhistischer Erfahrung betont. Im Srimala wird vom Tathagata-Garbha (»der Matrix der Tathagata-schaft«) gesagt, daß es, wiewohl von unzähligen fremden Trübungen überlagert, selber unbefleckt rein geblieben ist. Das Tathagata-Garbha ist die reine unbefleckbare geistige Welt der Nicht-Unterscheidung. Die Unreinheiten und Befleckungen dagegen gehören zur Welt des Denkens und der Unterscheidung. Daß diese beiden Welten ihrer Natur nach gesondert sind und nicht vereinigt werden können, versteht sich nach menschlicher Denkweise von selbst. Trotzdem erklären die Sutras, daß das Reine und das Befleckte im Garbha aufgelöst werden, wobei das Garbha selbst völlig frei und unberührt bleibt. Das geht wirklich über die Grenzen der Denkbarkeit hinaus. Sobald man aber die Identität von Unterscheidung und Nicht-Unterscheidung erfaßt hat, wird man auch verstehen, daß das Garbha der Bereich ist, wo Reinheit und Befleckung sich gemäß ihrer eigenen Existenzformen manifestieren. Es sei daran erinnert, daß dieses Verstehen nicht auf der Ebene des Verstandes, sondern auf der spirituellen Ebene sich ereignet und gewöhnlich als Glaube bezeichnet wird. Die Frage von Glaube und Verstehen ist zuweilen verwirrend, weil die meisten von uns nicht die Tiefen unseres geistigen Lebens kennen, das zum Bereich von Achintya, dem Undenkbaren, gehört. Nur ein Buddha erkennt einen anderen Buddha. Solange unsere Einsicht nicht der eines Buddha gleicht, wird uns die Lehre des *Srimala* für immer ein versiegeltes Buch bleiben.

Gott ist immer in uns,
aber wir stellen ihn aus uns hinaus

Soweit ich zu sehen vermag, lehrt die christliche Erfahrung das gleiche; das buddhistische Undenkbare entspricht der göttlichen Offenbarung, die etwas Übernatürliches und über den Verstand Hinausgehendes ist und völlig außerhalb der menschlichen Denkfähigkeit liegt. Wir werden diese Offenbarung so lange nicht verstehen, so lange wir nicht die Fesseln unseres Verstandes und unserer Logik abgestreift haben. Gott wird sich niemals Köpfen offenbaren, die mit rationalen Vorstellungen vollgestopft sind; nicht, weil er rationalem Verstehen abgeneigt wäre, sondern, weil er einfach jenseits eines solchen Verständnisses ist. Er ist jederzeit bereit, vor uns zu erscheinen, aber wir sind es, die ihn fliehen. Wir können das Sich-Offenbaren Gottes, trotz aller unserer Bemühungen nicht erzwingen, es kommt von selbst und freiwillig. Gott ist immer in uns und bei uns, aber auf Grund unseres menschlichen Verstehens stellen wir ihn aus uns hinaus, uns gegenüber, wie wenn er im Gegensatz zu uns stünde und strengen unseren Verstand aufs äußerste an, daran auch festzuhalten. Das Offenbarwerden wird jedoch nur geschehen, wenn der menschliche Verstand sich erschöpft hat und all seine Ichhaftigkeit sowie alle Vorstellungen des Unterschiedenseins aufgegeben hat.

Seltsam genug, aber in gewissem Sinne ganz natürlich, ist es, daß wir alle, Buddhisten sowohl wie Christen (die wir auf der Verstandesebene leben), alles einer Prüfung durch den Verstand und damit seiner Herrschaft unterwerfen. Alles, was der Verstand nicht zu verstehen vermag, wird als wertlos betrachtet und verworfen. In unserer Torheit behandeln wir den Buddhismus in der gleichen Weise wie die Christen ihre Religion. Aber früher oder später werden wir gezwungen sein, das wieder aufzunehmen, was wir verworfen hatten, um es auf den geistigen Altar unseres Seins zurückzustellen, wo es die ganze Zeit über war, nämlich in der nichtunterscheidenden Matrix der Tathagataheit. Dann wird die ganze Welt mit all ihrer Häßlichkeit, ihrem Schmutz und ihrer Gewöhnlichkeit die Glorie Gottes offenbaren. Wenn ein Vogel singt, wissen wir, es ist Gottes Stimme. Als der Buddha eine goldfarbene Blume emporhielt, lächelte Mahakashyapa. Warum? Weil beide in Gottes Reinem Land waren, das uns ebenso wie Amida zugehört. In diesem Land sind Worte überflüssig, alles Denken in Begriffen hat sich erschöpft und schwand dahin, denn wer weiß, der weiß, wirklich und wahrhaftig.

Kaiser Goyoze (er regierte 1586 – 1616) schrieb darüber ein Gedicht:

> Die Augen öffnen sich zu einem seligen Lächeln.
> Sind es Kirsch- oder Pfirsichblüten?
> Wer wüßte es nicht?
> Und doch: niemand weiß es.

Vom Standpunkt der Nicht-Unterschiedenheit weiß es niemand; und doch weiß es jeder. Eine Blume wird gezeigt und jemand lächelt. Scheinbar wurde nichts mitgeteilt, aber etwas muß vorgegangen sein zwischen beiden, etwas, das jenseits der Grenze der Ratio liegt. Denn das Lächeln Mahakashyapas war kein gewöhnliches Lächeln, wie es auf der Ebene der Unterschiedenheit oft ausgetauscht wird. Es kam aus der innersten Tiefe seines Wesens, wo er und Buddha und alle übrigen Anwesenden ihr wahres Sein haben. Wenn diese Tiefe erreicht ist, sind keine Worte mehr nötig. An ihre Stelle tritt ein unmittelbares Verstehen, das über alles menschliche Begreifen weit hinausgeht. Unser Lächeln ist an die Sinne gebunden und bleibt an der Oberfläche unseres Bewußtseins; es gleicht den Luftblasen im Wasser, die aufsteigen und zerplatzen. Aber das Lächeln Kashyapas ist der Gesang eines Vogels, das Blühen eines Kirschbaums, das Rascheln des Windes im Herbstlaub, das Murmeln des Wassers in einem Bergbach.

»Möchtest du den Weg zur Erleuchtung kennen?« Ein Zenmeister stieß mit dem Fuß einen Hund und der kläffte. Wer versteht, bedarf keines Kommentars. Aber wo das Verstehen fehlt, vermögen auch die besten Argumente nicht zu überzeugen.

Um dieses Undenkbare zu denken, das Geheimnis des Seins zu erschließen, dem Gefängnis der Ratio zu entfliehen, jenseits des Bereichs der Gegensätze zu gelangen und sich zur höchsten Schau zu erheben, muß man den Blick für das Zeitlose in der Zeit gewinnen und für das Raumlose im

Raum. Nachdem das *Saddharma-pundarika* immer wieder betont hat, daß »wie sehr wir uns auch mühen, an die Buddhaerfahrung durch Denken heranzugelangen, wir niemals Erfolg haben können«, fährt das Sutra im »Kapitel über Langlebigkeit« fort: »Ich erlangte meine Buddhaschaft vor unendlich langer Zeit und ich lebte hier schon unermeßlich lange. Ich bin unsterblich.« Der Geschichte nach erreichte Shakyamuni aber in Buddhagaya am Fluß Nairanjana vor über zweitausendfünfhundert Jahren die Erleuchtung, als er neunundzwanzig Jahre alt war. Trotzdem erklärt er in dem Sutra, daß seine Erleuchtung vor hunderttausenden von Kalpas stattgefunden hatte und er seitdem nicht aufgehört hätte, auf dem Geierberg zu predigen. Er ist noch immer dort, predigt in der gleichen altgewohnten Weise und ist von hunderttausenden seiner Schüler umgeben. Wir können ihn sogar hier bei uns hören.

Das sind zwei Behauptungen, die miteinander im Widerspruch stehen. Nach der einen hat Shakyamuni auf dem Geierberg nach seiner Erleuchtung vor fünfundzwanzig Jahrhunderten gepredigt; und nach der anderen hat seine Erleuchtung stattgefunden, noch ehe er unter uns weilte, und er predigt noch immer auf dem Berg so gewaltig, daß wir alle ihn sogar hier bei uns hören können. Solche Widersprüche, nicht nur der verstandes-, sondern auch der gefühlsmäßigen Art, gibt es reichlich in jeder Phase unseres Lebens. Die gefühlsmäßigen treten

als Ängste, Sorgen, Erregungen usw. auf. Unser Ge-
fühlsleben ist derart mit unserem verstandesmäßigen Leben vermengt, daß wir das eine vom anderen
nicht zu trennen vermögen, denn das Leben ist
durch und durch eine Einheit. Der Intellekt wird
träge ohne den Ansporn der Gefühle und diese
werden stumpf ohne die Stütze des Intellekts. Eine
von Widersprüchen befreite intellektuelle Erhellung verhilft dem Geist zu Ruhe und Zufriedenheit,
und setzt ihn in Harmonie mit seiner Umwelt.
Sobald die Erhellung diesen Grad erreicht hat,
nennt man sie Erleuchtung und sie ist das Denken
des Undenkbaren, das Unterscheiden des Nicht-
unterscheidens und das Erwachen des Absoluten im
Bewußtsein und wird auch als ein Zustand der
Furchtlosigkeit *(S. abhaya)* bezeichnet, entsprungen
dem Großen Mitfühlenden Herzen von Kwannon,
Avalokiteshvara.

Das Problem der Identität der Gegensätze war
schon immer ein großes Problem für alle denkenden Geister, Philosophen und religiösen Menschen. Auch die Buddhisten haben sich entschlossen und in einer höchst kennzeichnenden Weise damit auseinandergesetzt. Sie sind dabei mit ihrer
Achintya-Doktrin des Nicht-Denkens oder der
Nicht-Verstandeshaftigkeit zu einer gültigen Lösung gekommen. Positiv ausgedrückt handelt es
sich dabei um das Öffnen des Prajna-chakshu oder,
wie Zen-Buddhisten sagen würden, um den Sprung
in den bodenlosen Abgrund. Die Lösung ist aber in

einem gewissen Sinne gar keine, denn das Undenkbare *(achintya)* bleibt für immer undenkbar, da es
jenseits des Bereichs der Logik und des Verstandes
liegt. Insbesondere Zen-Buddhisten gehen nicht
weiter als daß sie den Widerspruch, so wie er ist, einfach feststellen und zum Ausdruck bringen. Sie
nennen einen Spaten einen Nicht-Spaten, den
Himmel Nicht-Himmel und Gott Nicht-Gott.
Wenn man sie fragt, warum, würden sie sagen: Gott
ist Gott, ein Spaten ist ein Spaten, der Himmel ist
der Himmel; und sie würden sich nicht die Mühe
machen, diese widersprüchlichen Behauptungen zu
erklären. Die buddhistische Lehre, wie sie im *Vimalakirti,* einem der drei von Prinz Shotoku kommen-
tierten Mahayana-Sutras, dargelegt wird, ist voll solcher Widersprüche. In Wirklichkeit besteht die
buddhistische Lösung des großen Problems des Lebens darin, es gar nicht zu lösen; und sie behaupten,
daß das Nicht-Lösen in Wirklichkeit das Lösen ist.
Als Meister Daito dem Kaiser Godaigo, der von
1318 – 1338 regierte und ein Schüler des Zen war,
begegnete, sagte er zu ihm:
»Wir schieden vor vielen tausend Kalpas voneinander und doch waren wir nie auch nur einen
Augenblick getrennt. Wir sehen einander den ganzen Tag, und doch sind wir uns noch nie begegnet.«
Das ist dieselbe Vorstellung, die Shakyamuni
selbst in dem schon erwähnten *Saddharma-pundarika* ausspricht. Trotz der historisch belegten Tatsache, daß er zu einem ganz bestimmten Zeitpunkt

bei Buddhagaya die Erleuchtung erlangt hatte, sagte
er, daß er schon vor Erschaffung der Welt voll
erleuchtet war. Das historische Faktum seiner
Erleuchtung ist ein Bericht, den wir zeitbewußt mit
dem Verstand zur Kenntnis nehmen. Der Verstand
liebt es, zu zerteilen, und so schneidet er die Zeit in
Jahre, Tage und Stunden und entwirft die Geschichte, während die Zeit selbst, die der Geschichte zugrundeliegt, keine solchen künstlichen Einschnitte
kennt. Wir leben zum Teil in dieser um Zeit und
Raum wissenden Geschichte, in der Hauptsache
aber in einer Geschichte, die über Zeit und Raum
weit hinausgeht. Die meisten von uns würden den
ersten, aber nicht den zweiten dieser beiden Aspekte ihres Lebens anerkennen. Meister Daito möchte
den Kaiser an diese so grundlegende Erfahrung erinnern. Daher seine paradoxe Behauptung. (Da bei
den Buddhisten »hier« auch »jetzt« bedeutet und
»jetzt« auch »hier«, so gilt die für die Zeit entwickel-
te Vorstellung auch für den Raum.)

Daß der Meister und der Kaiser einander gegen-
übersaßen, ist eine auf dem unbegrenzt teilbaren
Zeitbegriff fußende Tatsache. Aber vom Bereich der
Nicht-Unterscheidung aus, in dem keine Teilung
der Zeit stattfindet und keine rationale Überlegung
möglich ist, haben historische Tatsachen keine Bedeutung. Mit anderen Worten, »du und ich haben
in aller Ewigkeit niemals auch nur einen Augenblick
einer den anderen gesehen«, und doch »waren wir
niemals getrennt«. Oder umgekehrt ausgedrückt:

»Ich war den ganzen Tag mit dir zusammen, aber ich bin dir niemals begegnet.« Der Meister sieht die Dinge von seinem nicht-unterscheidenden Standpunkt, den der Kaiser zuerst nicht verstehen kann. Nichts von all dem ist verständlich, wenn man es dem Urteil unserer von der Ratio dominierten Alltagserfahrung unterwirft. Die Buddhisten müssen lernen, diese sogenannten Fakten in der geschichtlichen Zeit unbeachtet geschehen zu lassen, wenn sie Erleuchtung erlangen und mit dem Shakyamuni auf dem Geierberg bleiben wollen.

Der Grund, warum wir in unserem täglichen Leben verunsichert sind und unfähig, dessen Schwierigkeiten zu entgehen, ist das Unvermögen unseres Verstandes über sich selbst hinauszugelangen. Es bedarf eines Eingriffs von entsprechendem Ausmaß, um die Fesseln des Verstandes zu durchschneiden. Ein Berg ist kein Berg, und ein Fluß ist kein Fluß; doch ein Berg ist ein Berg, und ein Fluß ist ein Fluß. Die Verneinung ist eine Bejahung, und die Bejahung ist eine Verneinung. Das ist kein bloßes Spiel mit Worten. Falls es so verstanden würde, bliebe man noch auf der Ebene der Verstandeshaftigkeit und würde niemals fähig sein, diesem Teufelskreis zu entkommen. Und solange wir in ihm bleiben, werden wir niemals den Kreislauf der Wiedergeburten verlassen. Alle Furcht, alle Ängste und Sorgen des Lebens sind darauf zurückzuführen, daß wir nicht in freier Entschlossenheit unmittelbar in das Zentrum unseres Seins uns entsinken, um dann daraus auf der Ebene der Geschiedenheit wieder aufzutauchen, wo die Probleme, die uns gequält hatten, jetzt nicht mehr existieren. Das Entsinken und das Auferstehen sind jedoch keine zwei getrennten Akte; sie sind eins, das Entsinken ist das Auferstehen und das Auferstehen ist das Entsinken. Die Buddhisten sollten sich freimachen von Worten und anderen Erzeugnissen der Verstandeshaftigkeit. Sie sollten alle Probleme von jener höheren Ebene aus betrachten, wo keine Worte mehr gesprochen werden, wo es nur noch das Zeigen der Blume und das Lächeln Kashyapas gibt. Und doch sind Worte notwendig, um über die Worte hinauszugelangen, und der Verstand ist notwendig, um sich über den Verstand zu erheben. Aber dieses Darüberhinausgelangen darf nicht im dualistischen Sinn oder als Flucht erfolgen. Denn man kann nicht entfliehen.

Wir sind nun in der Lage, über Karma zu sprechen. Das menschliche Leiden stammt aus unserer Gebundenheit an das Karma. Denn wir alle tragen seit der Geburt eine schwere Last an Karma, das sich aus früheren Leben angesammelt hat und so ein Faktor unserer Existenz geworden ist. In Japan wird der Begriff Karma mit schlechten Taten verbunden und man sagt, böse Menschen hätten das Karma ihrer Vergangenheit zu tragen. Aber die ursprüngliche Bedeutung des Begriffs ist »Tat« und die menschlichen Taten werden in gute, schlechte oder indifferente eingeteilt. In diesem Sinn sind die

Menschen die einzigen Wesen, die ihr Karma haben. Alle anderen handeln gemäß den Gesetzen ihres Seins. Nur die Menschen können planen und überlegen und sie allein sind sich ihrer selbst und ihrer Taten bewußt. Wir Menschen sind die einzigen ichbewußten Tiere oder, wie Pascal sagt, »denkende Schilfrohre«. Aus dem Denken, dem bewußten Denken, entwickeln wir die Fähigkeit zu verstehen, zu planen und vorauszubestimmen, was beweist, daß wir frei und nicht immer durch die »unentrinnbaren Gesetze« der Natur gebunden sind. Das Karma, die ethische Bewertung unserer Taten, ist daher nur bei den Menschen zu finden. Unser Karma ist seit unserm Eintritt in die Welt mit uns verbunden.

Wir sind nicht nur in unser Karma verstrickt, sondern wir wissen auch, daß wir es sind. Wir können richtiger Weise sagen, daß wir das Karma sind; das Karma sind wir selbst; mehr noch, wir sind uns alle dieser Tatsache bewußt. Und dieses Wissen, daß wir an das Karma gebunden sind, ist ein geistiges Vorrecht der Menschheit. Denn dieses Vorrecht, das zugleich Freiheit bedeutet, sagt uns auch, daß wir fähig sind, über das Karma hinauszugelangen. Allerdings müssen wir uns daran erinnern, daß mit Freiheit und Transzendieren auch Verantwortung und ein entsprechendes Sichmühen verbunden sind; und dieses Sichmühen als Folge der Freiheit bedeutet Leiden. In der Tat liegt der Wert des menschlichen Lebens in dieser Fähigkeit zu leiden;

wo es dieses aus dem Wissen um unsere karmische Gebundenheit stammende Leiden nicht gibt, gibt es auch keine Kraft, die uns zur spirituellen Erfahrung befähigen würde, durch die wir den Bereich der Nicht-Unterscheidung erreichen könnten. Wenn wir nicht bereit sind zu leiden, bringen wir uns damit um das dem Menschen gewährte besondere geistige Vorrecht. Wir sollten vielmehr den höchstmöglichen Nutzen daraus ziehen, die karmische Bindung voll akzeptieren, allen Formen des Leidens entschlossen gegenübertreten und dadurch fähig werden, sie zu transzendieren.

Mit dem Problem des Karma stoßen wir auf einen anderen Widerspruch, der umso ernster ist, als er das Leben selbst betrifft: es ist der Widerspruch von Leben und Tod. So lange wir im Bereich des Verstandes bleiben, können wir ihn bis zu einem gewissen Grad beiseite lassen, als etwas, das uns nicht sehr vital angeht. Sobald aber nach dem Sinn des Lebens gefragt wird, können wir nicht so leichthin verfahren. Wenn das Karma das Leben selbst ist, und es keine Möglichkeit gibt, es loszuwerden, als das Leben aufzugeben, also sich selbst auszulöschen, wie kann es da irgendeine Befreiung geben? Und ohne Befreiung gibt es kein spirituelles Leben. Wir können nicht ewig leiden, auch wenn dies scheinbar das Schicksal der Menschheit ist. Des Karmas bewußt zu sein, würde nichts anderes bedeuten, als sich selbst ins Feuer der Hölle zu stürzen. Wie groß auch unsere Verderbtheit sein möge,

Gott würde uns nicht auf solche Art strafen. Gibt es also kein Mittel, uns vom Karma zu lösen? Das würde aber offenbar ein Selbstwiderspruch sein und es wäre, wie wenn wir kopfüber in den ewig kreisenden Strudel des menschlichen Schicksals gestürzt würden.

Das Widersprüchliche am Karma, sofern es sich um einen Widerspruch handelt, muß auf die gleiche Weise gelöst werden wie sein intellektuelles Gegenstück. Der verstandesmäßige Widerspruch fand seine Lösung, als wir in den Bereich der Nicht-Unterscheidung gelangten; und der Karma-Widerspruch löst sich, sobald wir den Bereich des Nicht-Karma betreten, das heißt dort, wo wir uns bewußt wurden, daß Karma allen menschlichen Aktivitäten zugrundeliegt. Dieses Bewußtsein weist uns den Weg der Befreiung. Das menschliche Vorrecht, sich selbst beurteilen und einschätzen zu können, ist auch der Schlüssel zur Selbstbefreiung. Weil wir unser selbst bewußt sind und unsere Taten zu bewerten wissen, ist es uns möglich, einen Blick in einen Bereich zu werfen, wo keine solche menschliche Beurteilung Gültigkeit hat, wo Karma im Nicht-Karma und Nicht-Karma im Karma aufgeht.

Anders ausgedrückt: So lange wir Menschen sind, können wir dem Karma nicht entrinnen, denn wir sind das Karma, und dieses begleitet uns wie unser eigener Schatten, wo immer wir hingehen. Aber wir können es transzendieren. Gewöhnlich stehen wir unter dem bedrückenden Bewußtsein der Karma-

Gebundenheit, und dieses Bewußtsein weckt in uns das tiefe Bedürfnis, über uns hinauszugelangen und Gott dadurch näherzukommen, daß wir uns vervollkommnen oder reinigen, sofern dies möglich ist. Für den Verstand mag das Bewußtsein der Karma-Bindung nicht mehr als ein Denkvorgang sein. Aber in unserem Herzen fühlen wir, daß es sehr viel tiefer sitzt und aus unserem Innersten aufsteigt, das irgendwie in Verbindung sein muß mit etwas, das weit darüber hinausgeht. Wir fühlen, daß unser Kampf mit dem Karma auf dieses Undenkbare zurückzuführen ist, denn der Denkvorgang selbst ist nur dessen Widerschein. Wenn dem nicht so wäre, gäbe es weder jenes spirituelle Verlangen, noch irgendwelche Leiden.

Das Karmabewußtsein ist somit immer mit jenem inneren Impuls verbunden; ohne diesen vorwärtsdrängenden Anstoß im menschlichen Herzen gäbe es kein Karmabewußtsein in uns, und wir wissen daher, daß das Karma mit dem Nicht-Karma verbunden ist. Das Nicht-Karma dringt beharrlich in den Bereich des Karma ein und schafft jene nach Überwindung verlangende Unruhe. Darum kann man sagen, daß das Bewußtsein der Karma-Bindung uns auf den Weg zu deren Transzendierung drängt. Gerade, daß wir so intensiv zu leiden vermögen, ist zugleich die Verheißung, daß wir uns schließlich darüber erheben werden. Nach der buddhistischen Erfahrung bedeutet Leiden Transzendieren und Karma Nicht-Karma.

Das Bewußtsein der Karma-Bindung und das Bemühen, deren Fesseln abzuschütteln, manifestieren sich als Gebet. Das Gebet ist, vom Verstand gesehen, eine weitere Form des Widerspruchs, denn es weigert sich, dem natürlichen Lauf der Dinge Gehorsam zu leisten: darin ist es ganz und gar menschlich. Tiere beten nicht, ebensowenig die Engel und die Götter. Nur der Mensch betet, weil er sich seines Unvermögens bewußt ist, sich über sich selbst zu erheben, und doch so sehnsüchtig danach verlangt. Die Natur geht ihre eigenen Wege, ohne auf menschliche Wünsche, Sehnsüchte und Ambitionen Rücksicht zu nehmen. Sie tötet uns, wenn unser Körper die Bahn seines Hierseins durchlaufen hat und sie straft uns mit allen möglichen Krankheiten, wenn wir uns von dem Weg, den sie uns vorgeschrieben hat, entfernt haben. In dieser Hinsicht ist sie unbarmherzig. Aber es ist zutiefst menschlich, mit der ganzen Kraft des Herzens um Heilung eines Kranken zu beten, auch wenn unsere medizinischen und wissenschaftlichen Kenntnisse uns sagen, daß das absolut unmöglich ist. Und es ist sicherlich menschlich, wenn wir, als macht- und hilflose Zeugen, wie Mitmenschen die entsetzlichsten Qualen und Leiden erdulden müssen, uns dabei elend und verzweifelt fühlen. Das einzige, was wir unter solchen Umständen tun können, ist: beten. Zu wem zu beten? Wir wissen es nicht, doch wir beten, das heißt, wir wünschen den natürlichen Lauf der Dinge umzukehren – und das beruht nicht unbedingt auf einem egoistischen Antrieb. Es ist entschieden irrational und darum sage ich, daß das Gebet den Weg zum spirituellen Leben öffnet und uns schließlich in den Bereich bringt, wo Karma Nicht-Karma und Nicht-Karma Karma ist.

Ich wiederhole: Das Karma bedrückt uns ständig, und wir suchen ständig, uns darüber zu erheben. Dieses Streben, dieses Verlangen, das Karma zu transzendieren, stammt direkt aus unserem spirituellen Wesen. Daher ist das Gebet – das eine andere Bezeichnung für dieses dringliche Verlangen ist – das Wesen des religiösen Lebens. Das Gebet scheint nicht viel zur Menschlichkeit beizutragen, aber wie wenig das auch sein mag, es bringt den für das Leben entscheidendsten Faktor der menschlichen Natur ins Spiel. Denn das Gebet vermag das menschliche Herz aus seinem Schlaf wieder wachzurütteln und es vom Karmabewußtsein zu erlösen. Dieses aus dem Karmadruck erwachte Herz ist das Nicht-Karma selbst. Aber wir dürfen nicht vergessen, daß das Herz, das sich mit dem Nicht-Karma identifiziert, niemals in diesem Zustand bleiben kann, weil das Nicht-Karma-Herz kein menschliches Herz mehr ist. Sobald das Herz den Zustand des Nicht-Karma erlangt hat, kehrt es zu sich selbst zurück und fühlt von neuem alle die Leiden, die zur menschlichen Natur gehören. Dieses Herz ist gleichzeitig Karma und Nicht-Karma in einem vollkommenen Seinsstand der Identität.

Die Logik der Identität:
Karma ist Nicht-Karma und Nicht-Karma Karma

Der bekannte buddhistische Satz, daß Leben Leiden *(dukkha)* ist, darf nicht als Ausdruck einer pessimistischen Grundhaltung verstanden werden. Daß es kein Leben ohne Leiden gibt, ist eine einfache Tatsachenfeststellung. Unsere spirituelle Erfahrung, ob buddhistisch oder christlich, entspringt dieser Tatsache. Das sogenannte spirituelle Erleben ist nichts anderes als das Erfahren von Schmerz in einer Form, die über eine bloße Empfindung hinausgeht. Wer niemals Schmerz empfunden hat, kann nicht über sich selbst hinauswachsen. Alle religiös eingestellten Menschen haben das Leid des Lebens zutiefst empfunden. Der Buddha ist krank, sagt Vimalakirti, weil alle Lebewesen krank sind. Wenn wir von Krankheit umgeben sind, wie können wir, wenn wir spirituell veranlagt sind, von Krankheit frei sein? Das Herz des Mitfühlenden schlägt stets mit dem seiner Mitwesen.

Wir vermögen jetzt zu erkennen, daß die Befreiung vom Karma darin besteht, dessen Fesseln als Lebenserfahrung zu akzeptieren, aber mit dem Wissen, daß sie nicht wirklich unser innerstes Sein berühren, das über jeder Art von Dualismus steht. Dies wird in der buddhistischen Logik der Identität mit den Worten ausgedrückt, daß Karma Nicht-Karma und Nicht-Karma Karma ist.

Diese Logik findet keine Anwendung, wo der Dualismus gilt. Aber in Wirklichkeit ist der Dualismus nur dann möglich, wenn die Logik der Identität der Wahrheit entspricht. Deshalb hält der Buddhis-

mus die Logik der Identität für absolut notwendig
zum Verständnis seiner Lehre, die in der Verwirklichung der Buddhaschaft gipfelt.

Die Arbeit des Verstandes liegt im Teilen, und wo
das verstandeshafte Denken vorherrscht, gibt es
immer Dualismus. Da aber eben dieser Dualismus
das Karmanetz knüpft und uns in Unwissenheit verstrickt, besteht der Buddhismus auf dem Beseitigen
der Verstandeshaftigkeit. Es ist aber von größter
Wichtigkeit, sich zu erinnern, daß der Buddhismus,
wie ich wiederholt gesagt habe, das verstandeshafte
Denken nicht bedingungslos verwirft, sondern mit
dem Vorbehalt, daß es erst richtig zu funktionieren
vermag, nachdem es von seinen Illusionen gründ-
lich gereinigt, das heißt: sich selber gestorben ist.

Eine dieser Illusionen des Verstandes ist die seiner Freiheit und der Möglichkeit zu wählen. Der
Verstand zerschneidet ein nahtloses Stück Tuch,
Leben genannt, in mehrere Stücke, versucht, sie
einzeln zu überprüfen, und glaubt, daß er sie wieder
zusammenfügen und damit das Ursprüngliche
wiederherstellen kann. Er hält dieses Teilen und
Wiederzusammenfügen für sein eigenstes Vorrecht
und für einen Ausdruck seiner Freiheit. Aber nichts
im menschlichen Leben ist für das eigentliche Denken zerstörerischer und ihm entgegengesetzter als
dies. Denn der Verstand ist von Natur aus nicht frei.
Seine Macht zu teilen und zu trennen ist in Wirklichkeit zugleich die Macht sich selbst zu töten. Das

eigentliche Denken erwirbt seine Freiheit erst, wenn dieser Selbstmord vollzogen ist. Die Wahl zwischen verschiedenen Möglichkeiten ist keine Freiheit im wahren Sinne; um wirklich frei zu sein, darf man in keiner wie immer gearteten Weise oder Art behindert oder eingeschränkt sein: wahre Freiheit bedeutet absolute Unabhängigkeit. Der Verstand lebt von der Analyse und deren Gegensatz: der Synthese. Aber dieses Analysieren und Wiederzusammenfügen bedeutet Selbstbeschränkung, weil dazu ein Objekt notwendig ist, an dem gearbeitet wird, und ein Subjekt, das die Arbeit ausführt. Verstandeshaftigkeit stellt ein Ding dem anderen als Gegensatz gegenüber, und Gegensatz bedeutet Selbstbeschränkung und Aufgeben von Unabhängigkeit und Freiheit. Welche Freiheit auch immer der Verstand haben mag, wenn er ein Ding aus vielen anderen wählt, es ist eine begrenzte Freiheit und keine absolute. Und wenn es keine absolute ist, kann der Geist sich niemals befriedet und glücklich fühlen. Erst die buddhistische Logik der Identität kann dem Geist geben, wonach er verlangt, indem sie den Dualismus mit all seinen Konsequenzen transzendiert.

Es ist daher ganz entschieden nicht die Verstandeshaftigkeit oder die Ratio, die uns von den Fesseln des Karmabewußtseins befreit. Alles, was der Verstand zu unserer spirituellen Befreiung beitragen kann, ist, uns die Möglichkeit der Freiheit, wie schwach auch immer, ahnen zu lassen, und damit das Herz zu ermutigen, auch wenn dieses den Weg zu seiner eigenen Befreiung noch nicht klar zu sehen vermag. Ich habe »ermutigen« gesagt, es wäre aber vielleicht richtiger gewesen, zu sagen, daß das Herz sich nur noch umso bedrückter fühlt, denn es spürt etwas ahnungsvoll und ist trotzdem ganz und gar unfähig, es genau für sich auszumachen. Dieses Gefühl, das aus dem Unbewußten kommt, wird vom Verstand reflektiert, der nun alle Anstrengungen machen wird, das Problem des »Denkens des Undenkbaren« zu lösen.

Jetzt stellt sich eine wichtige Frage: Wenn Karma mit Nicht-Karma identifiziert wird und die Unterscheidung zwischen Gut und Böse nicht mehr existiert, bedeutet das nicht moralische Anarchie und die Zerstörung der menschlichen Gesellschaft, sodaß es keinen Buddhismus mehr geben wird, samt seiner Logik der Identität? Wenn es kein Karma, keine Bewertung im Sinne von gut, schlecht oder indifferent mehr gibt, wird es damit ja auch niemanden mehr geben, der für sein Tun zur Verantwortung gezogen werden kann. Nach dem Buddhismus entspricht die Karmalehre der Lehre des Moralgesetzes von Ursache und Wirkung und damit der sittlichen Ordnung der menschlichen Gesellschaft. Ohne das Kausalitätsgesetz bricht die physische Welt zusammen, und ebenso die sittliche Weltordnung, die verlangt, daß gute Taten das Glück der ganzen Gemeinschaft vermehren, der Handelnde selbst mit eingeschlossen, während schlechte Taten ihm und anderen Menschen in jeder möglichen Weise Schaden zufügen. Die Buddhisten betrachten diese Lehre von der »sittlichen Kausalität«[5]) als die für das tägliche Leben wesentlichste Lehre, sowohl in spiritueller wie auch moralischer Hinsicht. Wenn sie verneint wird, gibt es keinen Buddhismus mehr, trotz seiner Logik der Identität. Oder sollte in unserem praktischen Leben der Buddhismus gerade da zu finden sein, wo es keinen Buddhismus gibt? Das wäre, wie wenn man sagte, daß die Verneinung des Lebens seine Bejahung ist, oder daß Selbstmord ein erfülltes Leben bedeutet. Nach der Logik der Identität mag der Widerspruch in Wirklichkeit gar kein Widerspruch sein; aber wie können wir das auf unser tägliches Leben anwenden und glücklich im wahrsten Sinne des Wortes werden? Wir mögen noch so redegewandt und bis zum Überdruß über Nicht-Karma, Nicht-Kausalität, Nicht-Leben sprechen, dürfen wir aber dieser offenbar sinnwidrigen Ausdrucksweise irgendeine Bedeutung für das praktische Leben beimessen? Das ist die Frage, mit der wir uns jetzt beschäftigen müssen.

Als Hyakjo Yekai (Paichang Huaihai, 720 – 814), einer der berühmtesten Zen-Meister der T'ang-Dynastie, eines Tages seine Predigt beendet hatte, trat ein alter Mann, der die Predigten regelmäßig besuchte, zu ihm und sagte: »In den Tagen des Kashyapa-Buddha, vor unzähligen Kalpas, lebte ich hier auf diesem Berg. Eines Tages fragte mich ein Schüler: »Ist ein erleuchteter Mensch dem Gesetz von Ursache und Wirkung (d. h. der moralischen Kausalität) unterworfen oder nicht?« Ich antwortete »Nein«, und auf Grund dieser Antwort wurde ich dazu verurteilt, seither in der Gestalt eines wilden Fuchses zu leben. Wollt Ihr mir die richtige Antwort geben, damit ich endlich von dieser Fuchsgestalt befreit werde?« Darauf stellte der alte Mann nochmals die Frage:

»Ist ein erleuchteter Mensch dem Gesetz von Ursache und Wirkung unterworfen oder nicht?«

Der Meister antwortete: »Er ›verdunkelt‹ [6]) das Gesetz von Ursache und Wirkung nicht.«

Der Fuchs-Mann wurde erleuchtet und war befreit. Am nächsten Tag zelebrierte der Meister eine Bestattungsfeier für die von dem alten Mann zurückgelassene Fuchsgestalt.

Was ist der Sinn dieser Geschichte? Der erleuchtete Mensch gestattet dem Verursachungsgesetz, sei es moralisch oder physisch, seinen Lauf zu nehmen, d. h. er unterwirft sich dem Gesetz, er löst sich nicht von ihm, er macht keinen Unterschied zwischen ihm und sich selbst, sondern er *wird* es, er *ist* das Gesetz. Das war es, was Hyakjo meinte, als er sagte, daß ein erleuchteter Mensch das Gesetz von Ursache und Wirkung nicht »verdunkelt«. Im Gegensatz dazu glaubte der alte Mann, daß es eine von außen handelnde Kraft gäbe, Ursache und Wirkung oder Kausalität genannt, und daß diese ihn je nachdem belohnen oder bestrafen würde. Er erkannte nicht, daß er selbst die handelnde Kraft und gleichzeitig das Gesetz war, daß das Gesetz der Tat innewohnt, und daß er selbst der Gesetzgeber war. Daher dachte er, Erleuchtung bedeute, sich von dem Gesetz zu lösen, es von sich zu weisen, also »dem Gesetz von Ursache und Wirkung« nicht unterworfen zu sein. Hyakjo war der Vertreter der Identität, während der alte Mann ein Dualist war.

Der Mensch kann mit einem geometrischen Punkt verglichen werden, in dem drei Linien zusammenlaufen: die physisch-natürliche, die verstandeshaft-moralische und die spirituelle. Der Punkt, also der Mensch, kann sich aller drei bewußt sein, jedoch was Intensität und Koordinierung anlangt nicht in gleicher Stärke. Die Dualisten, wozu alle Menschen unseres täglichen Lebens gehören, betonen nachdrücklich und einseitig das verstandeshaft-moralische Leben auf Kosten des spirituellen. Das hat zur Folge, daß sie sich weder ihrem physisch-natürlichen Leben ganz hingeben, noch die Forderungen des spirituellen Lebens vollständig unbeachtet lassen können. Sie stehen in der Mitte und wenden sich manchmal in diese und manchmal in die andere Richtung. Dieses Schwanken ist eine Quelle des ständigen Unbehagens und der Unruhe. Sie können nicht auf die spirituelle Linie übergehen, weil es das Schicksal der Dualisten ist, auf der einmal gewählten Linie zu bleiben. Aber trotzdem besteht ein nie aussetzender Drang, über sich selbst hinauszugelangen, der darauf abzielt,

den Verstand zu veranlassen, seine eigene Linie aufzugeben und auf die spirituelle überzuwechseln.
Für den Verstand bedeutet dieses Hinüberwechseln
den Selbstmord, aber eben der wird von ihm gefordert und muß auf die entschlossenste Weise durch-
geführt werden. Es handelt sich dabei genau genommen um keinen Prozeß des Übergangs von einem
Zustand in einen anderen, der Schritt für Schritt
räumlich und zeitlich verfolgt werden könnte, sondern im gleichen Augenblick, in dem die verstandeshaft-moralische Linie aufgegeben wird, ist schon
die spirituelle erreicht; es gibt keinen allmählichen
Übergang, kein stufenweises Vorwärtsschreiten,
sondern nur einen Sprung, einen plötzlichen Wechsel, einen Abbruch bei gleichzeitig lückenloser
Kontinuität.

Die verstandeshaft-moralische Linie kann nicht
auf die physisch-moralische Linie zurückkehren,
weil sie sich von ihr abgespalten hat und diese Sepa-
ration ihr charakteristisches Merkmal ist. Die spirituelle Linie kann auf die physisch-natürliche zurückkehren, indem sie dieser eine neue Bedeutung
im menschlichen Leben verleiht. Für manche Menschen scheint das Spirituelle mit dem Physisch-
Natürlichen ident zu sein. Was letzteres am auffäl-
ligsten kennzeichnet ist seine Passivität und seine
absolute Unterwerfung unter das Ursache-Wirkung-Gesetz. Wenn ein furchtbarer Sturm durch
die Wälder fegt, Bäume geknickt werden und alles
verwüstet zurückbleibt, beklagen sich die umge-

stürzten Bäume nicht und die zerstörenden Kräfte fühlen sich nicht als triumphierende Sieger. Die einen wie die anderen folgten einfach den Befehlen der Natur. Ähnliches gilt für unser spirituelles Leben. Der spirituelle Mensch unterwirft sich und gehorcht dem sogenannten göttlichen Willen ohne ein Wort des Unmutes. Der Satz »Dein Wille geschehe« drückt das am besten aus. Es ist ein Zustand absoluter Abhängigkeit oder absoluter Passivität, in dem das Physisch-Natürliche mit dem Spirituellen eins geworden ist. Es gibt jedoch etwas, das das Spirituelle vom Naturhaften und damit den Menschen von der übrigen Schöpfung grundlegend unterscheidet, und dieses Einen müssen wir uns bemächtigen, wenn wir uns der Bezeichnung Mensch wirklich würdig erweisen wollen. Ich will damit sagen, daß wir aktiv und vital aus der schöpferischen Tiefe der buddhistischen Logik der Identität leben müssen.

Der spirituell erleuchtete Mensch verhält sich passiv gegenüber dem Willen Gottes, das heißt buddhistisch ausgedrückt, gegenüber dem Gesetz von Ursache und Wirkung. Er wird dieses Gesetz weder »verdunkeln«, noch ignorieren. Er ist ihm nicht mehr unterworfen, jedoch nicht in dem vom oben erwähnten Fuchs-Mann gemeinten Sinn. Aber er geht einfach heiter und gelassen seinen Weg, überzeugt von der Wahrheit, die er zwar in sich gefunden, doch nicht selbst ins Leben gerufen hat. Somit ist er einesteils bis zum Äußersten passiv, aber andererseits wieder ganz und gar aktiv, weil er

Herr seiner selbst ist. Obwohl diese Herrschaft ihren Ursprung in etwas hat, das über ihn hinausgeht, hat er volle Autorität, sie nach seinem Willen zu gebrauchen, das heißt: er gebraucht sie, als ob er sie nicht gebraucht; hier liegt seine aktive Passivität oder passive Aktivität. Die beiden gegensätzlichen, einander widersprechenden Begriffe sind hier in seinem Leben der Identität in eins verschmolzen.

Wenn man die Frage des »Nicht-Unterworfenseins« oder »Nicht-Verdunkelns« auf eine allgemein zugänglichere Weise erörtern will, dann können die folgenden Überlegungen für das Verständnis der buddhistischen Theorie der Kausalität nützlich sein:

Sobald die notwendigen Voraussetzungen eingetreten sind, findet ein Ereignis statt, ungeachtet der Person, die es betrifft. Die Sonne scheint auf alle, Gute und Böse. Das Gesetz hat seine Gültigkeit einheitlich für alle, Erleuchtete und Nicht-Erleuchtete, denn es gehört zum Wesen des Gesetzes, daß es in gleicher Weise für die moralische und die physische Welt bestimmend ist. Der dieses Gesetz formulierende Verstand bedarf der logischen Schlußfolgerungen und kann keine Irrationalität zulassen. Die moralischen (oder spirituellen) Eigenschaften eines Menschen, so gut sie auch sein mögen, befreien ihn niemals von dem Gesetz. Wenn es regnet, wird er ebenso naß wie jeder andere. Das Kausalitätsgesetz stimmt rational formuliert mit den Regeln unseres Denkens überein. Und auch der Weise ist diesen

Regeln unterworfen, weil diese sowohl für den spirituellen wie den physischen Bereich gelten. Der
Geist kann den Verstand nicht verneinen; was er
tun kann ist, über ihn hinauszugelangen. Der Verstand bleibt Herrscher innerhalb seiner eigenen
Grenzen. Und so lange er diese nicht überschreitet,
werden ihm auch von außen keine Begrenzungen
auferlegt. Der Geist, der sein eigener Herr ist, bedient sich der verstandesmäßigen Schranken und
drückt sich innerhalb dieser aus, wobei er sich das
Recht vorbehält, diese Grenzen zu deuten. Der
Geist gehört zweifellos zur Welt der Unterscheidung, aber er steht in gleichem Maße auch über ihr.

Die spirituelle Welt ist gleichzeitig eine Welt der
Unterscheidung und der Nicht-Unterscheidung,
und deshalb ist auch das Karma gleichzeitig wohl
Nicht-Karma wie Karma. Das Karma behält seine
übliche Bedeutung im Sinne von Ursache und Wirkung; wenn es aber im Lichte der Nicht-Unterscheidung betrachtet wird, ist es Nicht-Karma. Die Wirkung des Karma ist daher bei erleuchteten Menschen nicht dieselbe wie bei unerleuchteten. Diese
leben noch nicht in der spirituellen Welt und die
Last des negativen Karma liegt schwer auf ihnen.
Auch der Erleuchtete hat sein eigenes Karma, aber
er trägt es, wie wenn er sein Gewicht überhaupt
nicht spürte. Er ist sich dessen gewissermaßen nicht
bewußt. Die Erleuchtung hebt das Karma nicht auf,
aber sie geht einen von Karma oder Nicht-Karma
freien und unabhängigen Weg. In Wahrheit gibt es

natürlich keine zwei Welten, eine des Karma und eine andere der Erleuchtung. Es gibt nur eine einzige Welt, die sowohl das Karma wie die Erleuchtung, das Physisch-Natürliche wie das Spirituell-Übernatürliche enthält. Wenn eine Glocke angeschlagen wird, läutet sie, und wir alle, Erleuchtete wie Nicht-Erleuchtete, hören es und wissen, daß es eine Glocke ist.

Der einzige wesentliche Unterschied zwischen dem Erleuchteten und dem Unerleuchteten ist der, daß der Erleuchtete neben seinem psychologischen und verstandeshaften Bewußtsein noch das besitzt, was ich ein spirituelles Bewußtsein nennen möchte. Die Menschen der physischen Welt sind zu diesem spirituellen Bewußtsein noch nicht erwacht. Sie hören zwar die Glocke und erkennen den Klang; aber hier bleiben sie stehen, ihre Einsicht dringt nicht bis in die spirituelle Welt vor; deshalb sind sie ohne Erleuchtung. Anders ist es beim Spirituell-Erwachten. Aber wir dürfen nicht glauben, daß er sich seiner geistigen Wesensnatur jederzeit bewußt ist oder daß sein sogenanntes »spirituelles Bewußtsein« stets darauf besteht, auch auf der oberflächlichen Ebene des Bewußtseins gehört zu werden. Es kann niemals als psychologisches Faktum von den übrigen Vorgängen in unserem gewöhnlichen relativen Bewußtsein abgegrenzt und gesondert werden. Spirituelles Selbst-Bewußtsein ist ein Bewußtsein *sui generis*. Es ist eine Form der unmittelbaren intuitiven Erkenntnis, bei der das Subjekt und das

Objekt, der Erkennende und das Erkannte, nicht mehr voneinander zu trennen sind. Es ist eine Erkenntnis, bei der es keinen Gegensatz mehr zwischen dem Sehenden und dem Gesehenen gibt: ein Fall absoluter Identifikation. Eine Erkenntnis, die keine ist, eine Erkenntnis des unterschiedenen Nicht-Unterscheidens und der unterscheidenden Nicht-Unterscheidung.

Wir kennen jetzt den Irrtum des alten Mannes, der die Gestalt eines Fuchses für fünfhundert Leben annehmen mußte. Er hatte den schweren Fehler begangen, die spirituelle Welt von der moralisch-verstandeshaften Welt der Unterscheidung zu trennen. Hyakjo, der wußte, wo der Fehler des alten Mannes lag, machte klar, daß es für den Erleuchteten genauso wie für den Unerleuchteten kein »Verdunkeln« des Karma gibt. Der Erleuchtete ist dem Gesetz von Ursache und Wirkung ebenso unterworfen wie der Unerleuchtete, aber sein Unterworfensein ist lediglich das Bezahlen einer alten Schuld.

Dieses Nicht-»Verdunkeln« des Kausalitätsgesetzes ist ein weiteres Beispiel der Prajna-Logik, wie sie in der Prajna-Literatur der Mahayana-Sutras[7] immer wieder dargestellt wird. Die Prajna-Logik ist die Logik der Identität: Prajna ist Prajna, weil Prajna Nicht-Prajna ist. Wenn man dies erweitert, kann man sagen: weiß ist schwarz, weil weiß weiß ist; oder weiß ist nicht weiß, weil weiß weiß ist; oder ich selbst zu sein, heißt, nicht ich selbst sein, wodurch ich ich selbst bin. Die Buddhisten behaupten, daß diese Logik aller menschlichen Erfahrung zugrunde liegt und daß wir durch dieses unlogische oder irrationale Formulieren zum spirituellen Selbst-Bewußtsein gelangen. Das Ursache-Wirkung-Gesetz bindet uns alle, wir können ihm niemals entgehen, es nie verdunkeln oder es nicht beachten. Wir sind ihm alle unterworfen. Doch nur dank des spirituellen Selbst-Bewußtseins vermögen wir, den quälenden Bedrückungen durch Karma ein Ende zu setzen, indem wir dem Gesetz von Ursache und Wirkung den Weg freigeben. Der Prajna-Philosoph wird uns erklären, daß in diesen Ursache-Wirkung-Zusammenhang entsunken zu sein, gleichzeitig heißt, darüber hinauszugelangen, und um ihm unterworfen zu sein, er nicht »verdunkelt« werden darf.

Ich wurde geboren, ich kann krank werden, ich werde altern und sterben. Dem Rad von Ursache und Wirkung kann ich mich nicht entziehen, aber da ich mir dessen bewußt bin und zugleich weiß, daß es etwas gibt, das niemals von dem Ursache-Wirkung-Gesetz berührt wird, ist es mir dadurch möglich, »ihm zu entrinnen«. Somit können wir niemals der Kausalität unterworfen sein, weil wir sie bereits sind. Ihr unterworfen oder von ihr befreit zu sein, setzt voraus, daß es einen Zustand gegeben hat, in dem es weder Unterworfensein noch Befreiung gab. Wenn wir das Rad selbst sind und uns mit ihm drehen, gibt es weder ein Unterworfensein, noch ein Befreit-Sein, denn das Rad und wir sind eins. Aber vergessen wir nicht, daß es einer spirituellen Intuition oder Wahrnehmung bedarf, um die Identität des Rades mit demjenigen, der es die ganze Zeit in Gang hält, zu sehen. Mit dieser unmittelbaren Erkenntnis erlangt man Unsterblichkeit, wie die Christen es nennen würden. Menschen, die auf der moralisch-verstandeshaften Ebene herumtorkeln und sich niemals mit dem Rad identifizieren können, werden nie den Weg zu einem ewigen Leben finden.

Es gibt noch eine andere Zen-Geschichte, welche die Logik der Identität veranschaulicht. Jemand fragte einen Zen-Meister: »Der Sommer kommt, der Winter folgt ihm. Wie können wir dem entrinnen?«

»Warum nicht dorthin gehen, wo es weder Winter noch Sommer gibt?« antwortete der Meister.

»Wo kann man einen solchen Ort finden?«

»Wenn der Winter kommt, fröstelst du in der Kälte, wenn der Sommer kommt, bist du in der Hitze in Schweiß gebadet«, war die Antwort des Meisters.

Der Mensch ist ein gebrechliches Ding, sagt Pascal; das Universum bedarf keiner großen Anstrengung, ihn zu vernichten. Ein Tropfen Gift genügt, den besten wie den schlechtesten Menschen zu töten, aber weder das Universum noch das Gift sind sich ihrer zerstörerischen Macht bewußt. Der Mensch allein kennt den Unterschied zwischen Bewußtsein und Nichtbewußtsein und er allein ist sich seiner selbst bewußt. »Unsere ganze Würde besteht also im Denken«, das heißt im Bewußtsein. Unser Bewußtsein hat also eine tiefe Bedeutung, und die Erleuchtung ist nichts anderes als die Anerkennung dieser Tatsache, die unser spirituelles Selbst-Bewußtsein konstituiert. Die Erleuchtung ist spirituell und nicht verstandeshaft, sie stammt nicht aus dem Denken, sondern aus dem Geist. Sich der Tatsachen unserer täglichen Erfahrung spirituell bewußt zu werden, ist nicht dasselbe wie sich ihrer psychologisch oder verstandesmäßig bewußt zu werden. Diese spirituelle Art des Bewußtseins und unser gewöhnliches Bewußtsein der Sinnenwelt liegen nicht auf der gleichen Erlebnisebene; sie unterscheiden sich sehr wesentlich voneinander. Kälte wird vom Erleuchteten ebenso empfunden wie vom Unwissenden. Wenn ein Vogel singt, hören wir es alle, es sei denn, daß jemand taub ist. Aber das von einem Unwissenden erlebte Bewußtsein erhebt sich nicht über die Sinnesebene. Der spirituell Erlebende hört den Vogel und empfindet die Kälte auf der spirituellen Ebene, die mit der Sinnesebene vereinigt ist und trotzdem von ihr unterschieden werden muß, wenn wir genau sein wollen; der erleuchtete Mensch deutet seine täglichen Erfahrungen vom spirituellen Standpunkt aus.

Wenn die Welt auf diese Weise spirituell interpretiert wird oder sich so im spirituellen Bewußtsein widerspiegelt, ist sie kein Objekt der Sinne und des Verstandes mehr. Die Welt mit all ihren Leiden, Unzulänglichkeiten und Dualitäten wird eins mit der spirituellen Welt. Den erleuchteten Menschen ist Leiden zwar zweifellos immer noch Leiden, aber sie haben es sozusagen in ihr spirituelles Bewußtsein hineingenommen, wo alles, was auf der psychologisch-natürlichen Ebene geschieht, seine eigentliche Bedeutung in Übereinstimmung mit dem »undenkbaren« Plan des Universums findet. In diesem Sinne stehen sie nicht länger unter dem Einfluß des Gesetzes von Ursache und Wirkung, ohne daß dieses jemals »verdunkelt« würde.

Pascal spricht von dem denkenden Schilfrohr, aber dieses Denken darf nicht als bloße Erkenntnis oder Kontemplation angesehen werden; es handelt sich vielmehr um einen Vorgang bewußter spiritueller Entfaltung. Die Bedeutung der Kontemplation wurde von den frühen Buddhisten sehr hervorgehoben, aber das Mahayana forderte mehr. Alle Kontemplation fußt auf einer Art von Dualismus, denn wo es ein Objekt des Nachdenkens gibt, muß es einen Geist geben, der nachdenkt. Spirituell bewußt zu sein ist mehr als Kontemplation, obwohl Selbst-Bewußtsein auch auf einer Art von Dualismus beruht. Aber beim spirituellen Selbst-Bewußtsein gibt es weder jemanden, der bewußt ist, noch ein Objekt, dessen sich der Geist bewußt sein könnte. Bewußt zu sein und sich dennoch keines bestimmten Objektes bewußt zu sein, ist wahres spirituelles Selbst-Bewußtsein. Objekt und Subjekt sind identisch, und auf dieser absoluten Einheit ist die Welt der Vielfältigkeiten errichtet. Solange wir

durch diese Vielheiten gebunden sind, können wir
uns ihrer Herrschaft nicht entziehen. Aber sobald
wir über sie hinaus zu unserem spirituellen Bewußtsein vordringen, in dem es keine Sonderung, keinen
Unterschied, keinen Gegensatz zwischen diesem
und jenem gibt, sind wir frei und alle die Vielfältigkeiten verlieren ihre Macht über uns. Aber, wie ich
immer wieder gesagt habe, das ist keine Verneinung
der Sinnenwelt. Nur wenn man sie für sich allein
bestehend ansieht, ohne den beherrschenden Über-
bau der spirituellen Welt, wird sie von den Buddhisten verworfen.

Deshalb behaupten wir, daß wir weit größer sind
als das Universum, in dem wir leben, denn unsere
Größe ist keine des Raums, sondern des Geistes.
Und es gibt nichts Geistiges im Universum außer
der menschlichen Geistigkeit. Die Größe der Welt
beruht auf unserer eigenen Größe, und alles um uns
empfängt seine Größe nur durch uns, die Menschen. Und unsere Größe ist nur Wirklichkeit,
wenn wir spirituell bewußt werden: unser selbst und
all dessen, was um uns vorgeht. Und durch diese Art
von Selbst-Bewußtsein erlangen wir die Freiheit.
Nach der Legende hat der Buddha bei seiner Geburt
gerufen: »Über und unter dem Himmel bin ich
allein der vollkommen Erleuchtete.« Er hatte in
sich die Größe verwirklicht, die jeder von uns in sich
trägt. Dieses höchste Ziel wird nur erreicht, nachdem man durch viele Arten von Leiden, einschließ-
lich der verstandeshaften und moralischen Gegen-

sätze, hindurchgegangen ist. Das höchste Ziel ist: in der Hitze sind wir in Schweiß gebadet, die Kälte läßt uns frösteln.

II. TEIL

Die Grundpfeiler des Buddhismus:
Weisheit und Mitleid

Das mächtige Bauwerk des Buddhismus ruht auf zwei Grundpfeilern: *Daichi (tai-chi)* Mahaprajna oder die große Weisheit und *Daihi (tai-pei)* Mahakaruna oder das große Mitleid. Die Weisheit kommt aus dem Mitleid und das Mitleid aus der Weisheit, denn in Wirklichkeit sind die beiden eins, obwohl wir von unserem menschlichen Standpunkt aus von ihnen als von zwei verschiedenen Dingen sprechen müssen. Da die beiden also eins sind, nicht mathematisch, sondern spirituell, wird das Eine auch als Person vorgestellt, als der Dharmakaya.[1]

Der Dharmakaya besitzt nicht Weisheit und Mitleid, er ist Weisheit oder Mitleid, je nachdem einer der beiden Aspekte seines Seins aus einem besonderen Grund stärker hervortritt. Es wäre aber vollkommen falsch, wenn wir ihn uns irgendwie dem Menschen ähnlich vorstellen wollten. Er hat keinen Körper in dem Sinn, in dem wir einen menschlichen Körper haben. Er ist Geist, er ist Raum des Geschehens, wenn wir diese Ausdrucksform gebrauchen dürfen, wo Weisheit und Mitleid ineinander verschmolzen sind, eines ins andre verwandelt und in der Welt der Sinne und des Verstandes zum Urgrund des Lebens geworden.

Um die Bedeutung dieser Lehre voll zu erfassen, müssen wir uns der Hua-Yen- (japan. Kegon-)Philosophie zuwenden, wie sie in den Hua-Yen-Sutras dargestellt ist. Diese Philosophie ist der Gipfel buddhistischen Denkens, wie sich dieses in Indien, China und Japan entfaltet hat. Und da es höchst wünschenswert ist, daß alle, die den Buddhismus studieren, mehr oder weniger mit ihr vertraut sind, will ich sie hier kurz zusammengefaßt darstellen. Japan mag auf dem Gebiet der spirituellen Kultur nicht viel zum reichen Schatz denkerischen Wissens beigetragen haben, aber in der Kegon- (Hua-Yen-) Philosophie besitzt es etwas, das die Aufmerksamkeit der Welt verdient.

Um Hua-Yen (*Avatamsaka* oder *Gandavyuha)*[2]) zu verstehen, müssen wir uns mit den zwei Schlüsselbegriffen, *Shih* und *Li*, vertraut machen. *Shih* (japan. *Ji*) bedeutet gewöhnlich »ein Ereignis«, »ein Geschehen«, aber in der buddhistischen Philosophie »das Individuelle«, »das Besondere«, »das Konkrete«, »die Monade«, während *Li* (japan. *Ri*): »ein Prinzip«, »das Ganze«, »das All«, »Totalität«, »das Universale«, »das Abstrakte« usw. bedeutet. *Shih* steht immer im Kontrast zu *Li,* und *Li* zu *Shih. Shih* ist Unterschiedenheit und Unterscheidung, und *Li* ist Nicht-Unterschiedenheit und Nicht-Unterscheidung. In der buddhistischen Terminologie entspricht *Li* dem *Sunyata,* der Leere oder der Leerheit (*kung* im Chines. und *ku* im Japan.), während *Shih* die Form ist, *Rupam* (*se* im Chinesischen und *shiki* im Japanischen). Der Unterschied, der in der griechischen Philosophie zwischen Materie und Form gemacht wird, gilt auch für den zwischen *Sunyata* und *Rupam,* zwischen *Li* und *Shih.* Christen mögen *Li,* mit gewissen Vorbehalten, als Gott oder die absolute Gott*heit* betrachten, und *Shih* als jede individuelle menschliche Persönlichkeit. Deutsche Philosophen können *Li* mit dem Universalen und *Shih* mit dem Besonderen gleichsetzen.

Nach der buddhistischen Philosophie ist *Li* in erster Linie *Sunyata,* also die Leere oder die Leerheit. Leere bedeutet nicht Abwesenheit von etwas, das vorher da war und es jetzt nicht mehr gibt. Leere ist nichts, das neben anderem existiert, hat keine gesonderte unabhängige Existenz, noch bedeutet sie ein Erlöschen. Sie ist immer mit den individuellen Objekten *(shih)* verbunden und sie existiert stets gemeinsam mit der Form *(rupam).* Wo es keine Form gibt, gibt es auch keine Leere *(sunyata),* denn Leere ist Formlosigkeit, sie hat keine Selbstheit, keine Individualität, und ist daher immer mit Form verbunden. Form ist Leere und Leere ist Form. Wenn Leere etwas Begrenztes wäre, etwas Widerstandleistendes, etwas Unreines in dem Sinn, daß es anderem erlaubte, sich mit ihm zu vermischen, würde sie niemals mit der Form oder in der Form oder als Form selber erscheinen. Sie gleicht einem Spiegel, der leer ist und nichts aus sich selber spiegeln kann, der aber alles spiegelt, was vor ihm erscheint. Leere gleicht einem Kristall, durch und durch glasklar und durchscheinend: er hat keine eigene Farbe, kann aber jede Farbe annehmen.

Leere ist keine vollkommen entsprechende Übersetzung von *Sunyata,* noch ist es das Wort Leerheit, obwohl *Sunyata* ursprünglich etwas Raumhaftes ist, auf die »Abwesenheit von Dingen« und »nicht besetzten Raum« hindeutet, und das chinesische Äquivalent *kung (ku* im Japanischen) ihm genau entspricht. Aber so, wie das Wort *Sunyata* in der buddhistischen Philosophie gebraucht wird, hat es eine metaphysische Bedeutung, gleich der, die die chinesischen buddhistischen Philosophen durch *Li* ausdrücken, was ein viel besserer Ausdruck ist als *ku*, denn *Li* wird in China im Sinn von »Urgrund«, »Prinzip« oder »Natur« gebraucht. In den Sutras verschiedener Schulen des Buddhismus wird *Sunyata (ku, kung)* beinahe ausschließlich gebraucht. Es muß nicht erst gesagt werden, daß *ku (sunyata)* nichts mit dem modernen Begriff von Raum zu tun hat.

Shih (rupam, shiki) ist die Form, aber der Ausdruck wird mehr in dem Sinn von »Substanz« gebraucht oder von »etwas, das einen Raum einnimmt und der Wiederbesetzung durch eine andre Form Widerstand leistet«. Somit besitzt *Shih* Ausdehnung, es ist begrenzt und bedingt. Es gelangt zur Existenz, wenn die Bedingungen dafür reif sind, wie die Buddhisten sagen würden, und es bleibt solange, als die Bedingungen andauern, dann verschwindet es. Die Form ist unbeständig, abhängig, illusionär, relativ, antithetisch und bedeutet Unterschiedenheit.

Begrifflich scheinen *Li* und *Shih, Sunyata* und *Rupam,* Leere und Form antagonistisch zu sein und einander gegenseitig auszuschließen, denn wo das eine ist, kann das andere nicht sein. Aber nach der Hua-Yen-Philosophie ist ihr Verhältnis eines der

»vollkommenen gegenseitigen ungehinderten Verschmolzenheit«. Mit anderen Worten: *Li* ist *Shih*, *Shih* ist *Li*, *Li* und *Shih* sind identisch *(soku); Li* und *Shih* sind miteinander verschmolzen, ineinander aufgegangen. *Shih* verdankt seine Existenz dem *Li*, denn *Shih* ist unfähig, sich aus sich selbst zu erhalten; es ist einem ständigen Wandel unterworfen. Andererseits hat *Li* keine gesonderte Existenz; denn, wenn es sie hätte, würde es nur ein anderes *Shih* sein und nicht mehr *Li. Li* liefert dem *Shih* den Bereich, in dem es sich in Raum und Zeit entfalten kann; *Li* ist eine Art Stütze für *Shih*, aber es gibt keine wirkliche Stütze für *Shih* auf der Ebene der Unterscheidung. Das Wort Identität drückt nicht genau die Bedeutung von *soku* aus, denn Identität setzt einen Dualismus voraus, während in *soku* die Betonung auf dem Zustand der Identität an sich liegt und nicht auf zwei Objekten, die identisch sind. Für diesen Zustand des »an sich« oder »so-wie-er-ist« haben die Buddhisten einen besonderen Begriff: *nyo* (chinesisch: *ju*), die »Soheit« oder »Quidditität«. »Das vollkommene gegenseitige ungehinderte Verschmolzensein« ist die Soheit.

Dieser Zustand der Verschmolzenheit ist eine Art Denkbild und der ungewarnte Leser könnte glauben, hier seien zwei Dinge in eines verschmolzen und damit etwas Neues entstanden. Das wäre das Ergebnis, wenn man *Li* (oder *ku*) als eine andre Art von *Shih* (*shiki* oder *Rupam* oder Form) betrachtet. Wenn aber der Hua-Yen-Buddhist auf ein *Shih* (oder *shiki* oder Form) blickt, sieht er durch es hindurch, wie wenn es nicht existierte, und stellt fest, daß es *Li (ku)* eigentlich ist, das hier eine Form *(Shih)* angenommen hat und in ihr erscheint. Aber lassen sie mich wiederholen: er nimmt gleichzeitig wahr, daß *Li* nicht alles durchdringt gleich dem formlosen Raum, sondern, daß es diese Welt der Vielfältigkeiten ist. Denjenigen, die nur in der Welt der Sinne leben, scheint *Shih* bloß aus individuellen Objekten zu bestehen. Für Hua-Yen aber sind es individuelle Objekte, die in der *Li*-Welt in einer Weise enthalten sind, daß *Li Shih* ist und *Shih Li.*

Aber auch das beschreibt noch nicht ganz genau und wahrheitsgetreu die Soheit oder den Zustand vollkommener gegenseitiger Verschmolzenheit. Denn etwas in Worten ausdrücken, heißt bereits, es verbegrifflichen und damit das Entscheidende verfehlen. Die Soheit ist jenseits des menschlichen Verstehens; sie muß erlebt und das heißt: unmittelbar erfaßt werden. Das verstandesmäßige Begreifen kann dem spirituellen vorausgehen, aber wenn ein Mensch wirklich das Erlebnis der Soheit hat, nimmt er zugleich wahr, daß sie völlig jenseits jeder Art von Verstandeshaftigkeit liegt, das heißt, über alles rationale Begreifen unendlich hinausgeht.

Da das Hua-Yen das Verhältnis zwischen *Li* und *Shih, Sunyata* und *Rupam,* Leere und Form ganz anders sieht als es gewöhnlich von den Philosophen und den religiösen Denkern gesehen wird, sind die Vertreter des Hua-Yen unermüdlich in dem Ver-

such, einen Bericht von ihrem Erlebnis zu geben.
Aber der Bericht beschäftigt sich mit dessen stati-
schen und räumlichen Aspekten und vermittelt
nichts vom Bewegungs-Aspekt, der in der Welt des
Shih sichtbar wird, sobald man sie im Lichte von *Li*
betrachtet. Obwohl die Wendung »vollkommene
ungehinderte gegenseitige Verschmolzenheit« auch
auf einen gewissen Bewegungsvorgang hinweist,
liegt der Hauptnachdruck doch auf dem Zustand
des Verschmolzenseins und nicht notwendigerweise auf dessen dynamischen Auswirkungen. Das
Verschmolzensein sagt weit mehr über das Verhältnis zwischen *Shih* und *Li* an sich aus als über die
unendlich vielen Formen dieses Verhältnisses, die
zwischen den individuellen Dingen in der Welt des
Shih entstehen. Einige der kennzeichnendsten Formen, die hierher gehören, sind:

1. gleichzeitige gegenseitige Identifikation
2. gleichzeitige gegenseitige Einverwandlung
3. Identität des Subjekts und des Objekts
   des Tuns oder einer Tat
4. Identität des Einen und des Vielen
5. gleichzeitiges plötzliches Entstehen.

Alle diese Formulierungen haben den Zweck, die
verschiedenen Arten des dynamischen Wirkens von
Li zu beschreiben, wie sie als *Shih-shih Wu-ai*
(japan.: *Jiji Muge*) in der Welt des *Shih* bekannt sind.
Shih-shih bedeutet jede individuelle Einzelheit in
der Welt des *Shih,* und *Wu-ai* bedeutet »Ungehin-
dertsein«. Jedes individuelle *Shih* ist nicht nur unge-

hindert mit *Li* verschmolzen, sondern auch jedes *Shih* mit jedem anderen, individuell, gegenseitig und totalistisch. Sodaß, wenn ich einen Finger hebe, die ganze Welt des *Shih* in ihm enthalten ist, und nicht nur die Welt als solche, sondern jede individuelle Wirklichkeit gesondert.

Eine andere Folge von Hua-Yen-Begriffen, die wir hier anführen müssen, um das Gedankengebäude des Hua-Yen verständlicher zu machen, sind:

1. »Durchdringen« *(pien)* und »Umfassen« *(yang)*
2. »In-sich-Hereinnehmen« *(she)* und »In-etwas-Eingehen« *(ju)*.

Das Eine durchdringt alle andern und gleichzeitig umschließt es sie alle in sich. Und wenn das Eine alle andern durchdringt, durchdringen ihrerseits alle übrigen einander darin; das Durchdringen ist das Durchdrungenwerden, und das Durchdrungenwerden ist das Durchdringen; beides erfolgt gegenseitig und gleichzeitig. Dasselbe gilt im Fall des In-sich-Hereinnehmens und In-etwas-Eingehens. Das In-etwas-Eingehen wird gleichzeitig als ein In-sich-Hereinnehmen erkannt; denn das In-etwas-Eingehen ist das Hereingenommen-werden und das Hereingenommen-werden ist das In-etwas-Eingehen.

Um diesen Gedanken zu veranschaulichen, bedient sich Hua-Yen des Gleichnisses von den Spiegeln. Die Spiegel stehen je einer an den acht Punkten des Kompasses und je ein weiterer im Zenith und im Nadir. Wenn man eine Lampe in den Mittelpunkt stellt, sieht man, daß jeder der zehn Spiegel deren Licht widerspiegelt; und jeder der zehn Spiegel spiegelt auch alle übrigen Lichter in den Spiegeln wider. Jeder der neun Spiegel ist in dem einen und der eine ist in jedem der neun Spiegel und dies nicht nur individuell, sondern totalistisch. Dieses Gleichnis veranschaulicht, wie für die Hua-Yen-Philosophie die Welt des *Shih* sich darstellt. Aber da es nur ein Gleichnis ist, vermittelt es lediglich ein statisches, räumliches Bild, nämlich:

1. Das Eine im Einen
2. Das Eine in Allen
3. Alle in dem Einen
4. Alle in Allen.

Aber im Zentrum des Hua-Yen steht ein Universum voll lebendigster innerer Dynamik, zu dessen Wesen es gehört, ständig vorwärts zu drängen und unausgesetzt in Bewegung zu sein. Der Gebrauch von Begriffen wie »Eingehen-in« und »Hereingenommen-werden«, »Hereinnehmen«, »Umfassen und Durchdringen« und »gleichzeitige ungehinderte Verschmelzung« zeigen, daß Hua-Yen eine Philosophie der Zeit ist. Ausdruck dessen sind die vier Formulierungen:

1. Wenn das Eine von Allen hereingenommen wird, geht es in alle ein;
2. Wenn Alle von dem Einen hereingenommen werden, gehen Alle in das Eine ein;
3. Wenn das Eine von dem Einen hereingenommen wird, geht das Eine in das Eine ein;

4. Wenn Alle von Allen hereingenommen
werden, gehen Alle in Alle ein.

Es gibt eine weitere vierfache Formulierung, die
dieselbe Idee in ihren Wirkungsarten ausdrückt:

1. Das Eine geht in das Eine ein, indem es das
Eine in sich hereinnimmt;
2. Das Eine geht in das Eine ein, indem es Alle
in sich hereinnimmt;
3. Alle gehen in das Eine ein, indem sie Alle in
in sich hereinnehmen;
4. Alle gehen in Alle ein, indem sie Alle in sich
hereinnehmen.

Praktisch beschreiben beide Formulierungen dasselbe in der Welt des *Shih* stattfindende Ereignis.

Die Philosophie des *Shih-shih Wu-ai* oder die Vorstellung des Universums als einer riesigen Bühne,
auf der ein Schauspiel voll unendlich komplizierter
Wechselwirkungen aller Kräfte aufgeführt wird, ist
der Höhepunkt des buddhistischen Denkens, wie es
sich im Verlauf von zweitausend Jahren im Fernen
Osten entwickelt hat.[3]

Es gibt eine kurze Darstellung der Hua-Yen-Philosophie von Fa-tsang (Hozo 643 – 712), hervorgegangen aus einem Vortrag, den er vor der Kaiserin
Wu Tse-tien der Tang-Dynastie gehalten hat. Er
erklärt darin die Lehre, indem er den Goldenen
Löwen, der im Palast zu sehen war, zum Gleichnis
nimmt. Diese Schrift ist in zehn kurze Absätze
unterteilt, wie das bei den Hua-Yen-Schriftstellern
üblich war, die die Zahl zehn als die vollkommen-

ste Zahl angesehen haben. Ich glaube, es ist das beste, bei der Behandlung des Hua-Yen-Denkens seinen Ausführungen zu folgen.

Über den goldenen Löwen

I.

Gold hat keine Selbstheit /S. *svabhava/*, aber in den Händen eines Künstlers nimmt es die Form eines Löwen an. In gleicher Weise hat *Li* keine eigene Form, nimmt aber jede Gestalt an, zu der es die Bedingungen und Umstände ausformen.

II.

Der Löwe als solcher besitzt keine Realität; er ist zur Gänze: Gold. Der Löwe ist unreal, doch das Gold ist keineswegs ohne Realität. (Die Leere) *Li* besitzt kein bestimmtes Kennzeichen der Unterscheidung, sondern manifestiert sich in allen Formen, die in Erscheinung treten.

III.

(In Übereinstimmung mit der überlieferten buddhistischen Erkenntnistheorie heißt es weiter:)
Dem Löwen eine (illusionäre) Existenz einzuräumen, ist *parikalpita.* Daß der Löwe wirklich zu sein scheint, ist *paratantra.* Zu erkennen, daß das Gold unverändert bleibt, ist *parinishpanna.* [4])

IV.

Wenn das Gold den Löwen in seine Totalität zurücknimmt, gibt es keinen Löwen mehr. Darum sagen wir, daß der Löwe aus eigenem keine Form hat.

V.

Daß der Löwe überhaupt entsteht, ist gänzlich der Existenz des Goldes zu verdanken; ohne das Gold würde es überhaupt nichts geben. Der Löwe ist der Geburt (dem Entstehen) und dem Tod (dem Vergehen) unterworfen, aber das Gold selber unterliegt keinerlei Veränderung. Daher sprechen wir von Nicht-Geburt (Nicht-geboren-sein).

VI.

1. Der Löwe – in seiner Existenz vom Entstehen verschiedener Umstände abhängig und ständig Veränderungen seiner Gestalt unterworfen – hat wirklich keinen eigenen Bestand; das ist die Sicht der einfachen Anhänger *(sravaka)* /Hinayana/.

2. Alle Dinge haben nur bedingt Existenz und besitzen keine sogenannte Selbstheit oder Eigennatur *(svabhava)* und sind daher absolut leer *(sunya)* – ist die Sicht der Mahayanisten der ersten Stufe. /Vor-Mahayana-Lehre/.

3. Die Dinge sind zwar gänzlich leer, diese Leere aber verhindert nicht, daß sie existieren, wie wenn sie wirklich wären, wodurch sowohl die bedingte Existenz des Löwen ermöglicht, wie auch dem Gold erlaubt wird, für einige Zeit eine Form anzunehmen – das ist die Sicht der Mahayanisten der höchsten Stufe. /Endgültiges Mahayana/.

4. Wenn die wechselseitige Bedingtheit von Gold und Löwe /Leere und Form/ erkannt wird, bleiben keine falschen Vorstellungen mehr zurück. Wenn damit der Dualismus von Sein und Nichtsein beseitigt wird, gelangt der Geist zur absoluten Ruhe und in einen Bereich, den Worte nicht ausdrücken können. Das ist die Sicht der Plötzlichkeitsschule des Mahayana-Buddhismus /Zen/.

5. Wenn falsche Gefühle und irrige Ideen nicht mehr sich zu behaupten vermögen, liegt der ganze Leib der Wirklichkeit nackt vor uns und eine Welt der Vielfalt manifestiert sich mit all ihren komplexen Zusammenhängen und in scheinbarer Ungeordnetheit. Wie dunkel verworren auch immer die Manifestationen und Kräfte agieren und reagieren mögen, sie sind alle reines gediegenes Gold. Inmitten der zehntausend Dinge unentwirrbarster Wechselwirkungen gibt es ein herrschendes System. Sie sind miteinander verschmolzen und doch behält jedes seine eigene Individualität. Insofern alle das Eine sind, sind sie alle leer; insofern das Eine sie alle ist, bleibt das Prinzip von Ursache und Wirkung unveränderlich bestehen. Kräfte und

Funktionen, die einander gegenseitig beeinflussen und durchdringen, sammeln und entfalten sich in der freiesten denkbaren Weise. Das ist die Sicht der Vollkommenen Schule des *Ekayana* (des »*Einen Fahrzeugs*«) /Hua-Yen/.[5])

VII.

Die zehn Mysterien

1.   Das Gold und der Löwe bestehen gleichzeitig. Jedes der beiden ist an sich vollkommen und in sich selbst vollständig.

2.   Das Gold und der Löwe, an sich gesondert, sind miteinander verschmolzen, denn das Eine ist das Viele und das Viele ist das Eine. Aber diese Verschmelzung hindert das Gold und den Löwen in keiner Weise daran, auch sie selbst zu sein; jedes hält gleichzeitig daran fest, Löwe oder Gold zu sein.

3.   Wenn man den Löwen sieht, sieht man ihn als einen Löwen und das Gold ist vergessen. Der Löwe hat Bestand und das Gold gerät aus der Sicht. Aber wenn man das Gold sieht, sieht man nur das Gold und keinen Löwen; jetzt hat das Gold Bestand, während der Löwe aus der Sicht gerät. Aus einem anderen Gesichtpunkt betrachtet, haben manchmal beide Bestand, manchmal bleibt keines von beiden sichtbar.

4.   Das Verhältnis des Einen zum Vielen läßt sich Indras Perlennetz vergleichen. Der goldene

Löwe ist in jeder einzelnen Pore auf des Löwen Körper, in seinen Sinnesorganen, Augen, Ohren, seinen Gliedern usw. als ganzer Löwe enthalten, insofern als sie alle das Gold sind. Jeder einzelne dieser
goldenen Löwen geht gleichzeitig ein in ein jedes
einzelne Haar, jeder seine unterschiedliche Individualität wahrend; eine unendliche Zahl von Löwen
ist jetzt manifest in jedem einzelnen der Haare, die
den Körper des Löwen bedecken. Jeder aus dieser
unendlichen Zahl von Löwen, alle übrigen mit sich
führend, geht seinerseits ein in jedes andere Haar,
auf diese Weise den Körper des Löwen bedeckend
mit unendlich komplizierten Systemen, die ihn selber immer widerspiegeln. Das ist Indras Perlennetz.

5. Wenn das Auge den Löwen aufs intensivste
erfaßt, ist das Auge selber der ganze Löwe und es
gibt nichts anderes mehr. Wenn das Ohr aufs intensivste den Löwen erfaßt, ist das Ohr selber der ganze
Löwe und es gibt nichts anderes mehr. Wenn alle
Sinne gleichzeitig den Löwen erfassen, besitzt jeder
von ihnen den ganzen Löwen ausschließlich, und
doch hindert sie das nicht, ihn gemeinschaftlich zu
besitzen.

6. Wenn jede Pore in jedem Sinnesorgan des
Löwen in vollständiger Weise den ganzen Löwen
erfaßt, identifiziert sich jedes Organ mit jedem
andern, und das Auge wird das Ohr, das Ohr wird
die Nase usw., und es gibt zwischen ihnen weder Behinderung noch Gegensätzlichkeit.

7. Wenn das Gold und der Löwe einander ge-

genübergestellt werden, entstehen verschiedene Beziehungssysteme, wie etwa: Das Manifeste und das Verborgene, das Eine und das Vielfältige, der Herr und der Untertan, *Li* und *Shih.* All diese Beziehungen in ihren unendlichen Komplexheiten widerstreiten einander nicht, sondern wirken, jedes auf seine Weise, in vollkommener Harmonie zusammen, jedes mit den andern verschmolzen und doch getrennt und seinen Platz wahrend.

8.   Der Löwe ist dem Wandel unterworfen und ändert jeden Augenblick seine Form. Der Augenblick läßt sich in drei Phasen teilen: Vergangenheit, Zukunft und Gegenwart, und jede einzelne der drei Phasen ist wieder in drei teilbar, und dieser Prozeß läßt sich *ad infinitum* wiederholen. Alle diese Phasen umschließt der Begriff Zeit und jede kann sich in die andere wandeln. Die Zeit erstreckt sich nicht unendlich zwischen Vergangenheit und Zukunft; sie ist nicht mehr oder weniger als dieser Augenblick.

9.   Werden das Gold und der Löwe im Gegensatz zueinander betrachtet, dann kann das eine manifest werden, während das andere verborgen bleibt; das Viele tritt hervor, während das Eine zurücksteht; denn sowohl der Löwe wie das Gold haben keine Selbstnatur. Sie manifestieren sich gemäß dem Geist als Zentrum. Dank diesem Geist können wir von *Li* und *Shih* sprechen, dank dem Geist kommen die Dinge zur Existenz und dank ihm leben sie.

10.   Der Löwe ist ein Gleichnis für das Wirken der Unwissenheit *(avidya)* und das Gold für die wahre Wesensnatur, die Substanz. Bei der Betrachtung der Verschmolzenheit von *Li* und *Shih* gelangt man zum höchsten Bewußtsein: dem *Alayavijnana*[6]) und damit zu einem richtigen Verständnis der Lehre.

VIII.

Drei Paare von Gegensätzen charakterisieren den Löwen. Beschreibt man ihn allgemein, so ist er ein Löwe; wenn man sich auf seine fünf Sinne bezieht, ist das eine Spezifizierung. Wenn der Löwe zusammen mit seinen Einzelteilen gesehen wird, in ihrer Existenz untereinander abhängig, ergibt das eine Einheit des Zweckes; wenn jeder der Teile, aus denen der Löwe zusammengesetzt ist, unabhängig handelt, wie wenn der eine nicht von den andern wüßte, ist das eine Verschiedenheit der Zwecke. Wenn alle Teile zusammenwirken, ist das eine Integration; wenn jeder zu seiner eigenen Aufgabe zurückkehrt, ist es eine Desintegration.

IX.

Alle diese Argumente sollen den Weg zur Erleuchtung *(bodhi)* weisen. Sie ist erreicht, wenn man, den Löwen vor Augen, erkennt, daß alle Dinge von Natur aus im Schweigen ruhen, das heißt, im

Erleuchtung ist erreicht, wenn man erkennt,
daß alle Dinge im Stand der Soheit sind

Stand der Soheit *(Tathata)* sind, daß sie sind so wie sie sind. Der Weg zur Erleuchtung ist offen, wenn man wahrnimmt, daß seit anfanglosen Zeiten die Dinge von allen Arten des Irrtums, der Gegensätzlichkeit und des Widerspruchs frei sind.

X.

Wenn wir sowohl über das Gold wie den Löwen hinaus blicken, sind wir von allen spirituellen Täuschungen befreit und der Geist ist im Frieden gleich dem großen Ozean; wenn alle die quälenden Leidenschaften sich legen, und alle die Irrtümer des Verstandes erledigt sind, schwindet jedes Gefühl der Bedrohung. Alle Verwirrungen sind wie weggefegt, alle Hindernisse beiseite geräumt, und die Quelle allen Leidens ist für immer versiegt. Wenn einer diesen Seinsstand der Erleuchtung und Seligkeit erreicht hat, ist er ins *Nirvana* eingegangen.[7])

Das Wesentliche der Hua-Yen-Philosophie besteht darin, die Welt in vierfacher Weise zu sehen, als:

1. eine Welt des *Shih,*
2. eine Welt des *Li,*
3. eine Welt des *Li* und *Shih,* die vollkommen verschmolzen sind,
4. eine Welt des *Shih,* in der jedes individuelle *Shih* als verschmolzen mit jedem andern individuellen *Shih* erkannt wird.

Der Hua-Yen-Begriff für die Welt ist *Dharmadhatu* (Sanskrit). *Dharma* ist ein sehr umfassender Begriff und er bedeutet vieles. Er bedeutet: »Wirklichkeit als Objekt der Sinne«, »eine Idee«, »Prinzip, das die menschliche Erfahrung beherrscht«, und einiges andere; während *dhatu,* ursprünglich »Element« oder »Substanz« bedeutet, hier als Entsprechung zu unserem gewöhnlichen Begriff »Welt« oder »Universum« betrachtet werden kann. Der *Dharmadhatu* kann daher im Hua-Yen definiert werden als eine Welt, die sich selbst dem erleuchteten Geist offenbart. Ihre wirkliche Bedeutung wird von uns erst verstanden werden, nachdem wir den *Shih-shih Wu-ai Dharmadhatu,* die letzte der vier oben genannten Weltvorstellungen erfaßt haben. Die meisten Philosophen und religiösen Denker mögen die Stufe des *Li-shih Wu-ai* erreichen, aber nicht die des *Shih-shih Wu-ai.* Sie lehren Pantheismus oder »Panentheismus« – nach einem Begriff, den einige deutsche Philosophen geprägt haben – sie folgen dem mystischen Weg, aber sie sind noch nicht zur Hua-Yen-Interpretation der Welt durchgestoßen.

Um die Hua-Yen-Welt in den Blick zu bekommen, ist es am besten, zwei Formen der Erkenntnis zu unterscheiden: die sinnenhaft-verstandesmäßige und die spirituelle; und die spirituelle schließt die neue Welt-Sicht für uns auf. Ihr Kennzeichen besteht in der Synthetisierung von räumlichen und zeitlichen Intuitionen. Die sinnenhaft-verstandesmäßigen Erkenntnisse sind begrifflich, statisch und räumlich, und nicht geeignet, das Leben so zu fassen, wie es dynamisch vorwärtsschreitet. Im Gegensatz dazu dringen die spirituellen Erkenntnisse unmittelbar in das Leben selber ein; sie sind zugleich zeitlich und räumlich; sie schreiten fort mit der Zeit und verweilen mit dem Raum; sie sind immer fliehend und fließend, und verlassen doch niemals den Platz, an dem sie sind; sie gehen vom »Hier und Jetzt« aus und kehren zum »Hier und Jetzt« zurück; sie scheinen immer an der gleichen Stelle zu sein und ewig im »Jetzt« zu verweilen, und doch bewegen sie sich jede Minute, jede Sekunde. »Ich spreche mit dir in diesem Augenblick und bin dir doch niemals begegnet«; »Hier bin ich in Meditation entsunken und tauche tausend Meilen weiter weg aus ihr auf«. Das sind keine logischen Schlüsse auf Grund von bestimmten, umschreibbaren Voraussetzungen, sondern unmittelbare Aussagen spiritueller Erkenntnisse eines hoch geschulten Geistes. Sie vermitteln den Seinsstand der Dinge in der *Shih-shih Wu-ai*-Welt des Hua-Yen.

Die folgende Zen-Geschichte veranschaulicht, was hier gemeint ist. Der Zen-Meister Bokuju (Muchu) aus dem 9. Jahrhundert der späten Tang-Dynastie hatte einen Schüler namens O (Wang), der ein hoher Regierungsbeamter war. Eines Tages verspätete sich der Schüler und der Meister fragte ihn nach dem Grund. Die Antwort war: »Ich habe einem Polo-Spiel zugesehen.«

Der Meister fragte: »Waren die Spieler müde?«

»Ja, Meister.«

Der Meister fragte weiter: »Waren die Pferde müde?«

»Ja, Meister.«

»Ist auch der hölzerne Pfosten hier müde?«

Natürlich blieb die Antwort auf diese völlig unerwartete Frage aus.

In dieser Nacht konnte der Schüler nicht schlafen, doch gegen Morgen fand er die Antwort. Er eilte zum Meister zurück und sagte, daß er verstanden habe. Der Meister wiederholte die Frage: »Ist auch dieser Pfosten müde?«

»Ja, Meister«, antwortete der Schüler, ohne zu zögern. Bokuju nickte und lächelte. – Später kommentierte ein Meister aus der Zeit der Sung-Dynastie diese Geschichte. Er wies darauf hin, daß es keine wirkliche Müdigkeit geben könnte, wenn nicht auch der Pfosten müde wäre.

Die bewegende Kraft in der Hua-Yen-Welt des *Shih-shih Wu-ai* ist das Große Mitfühlende Herz, dank dem unser Ich seine Grenzen durchbricht, über sich hinausgelangt und sich in andere Iche ein-verwandelt. Das Herz ist einem leuchtenden Him-melskörper zu vergleichen. Es strahlt eine Energie aus, die in alle anderen Körper eindringt und mit diesen eins wird; sie sind es, und es ist sie; was sie be-rührt, berührt es auch, und was es berührt, berührt auch sie. In diesem Sinn wollte Bokuju seinen Schüler einen Blick in das Geheimnis des Polospiels der Welt werfen lassen.

Die Hua-Yen-Welt des *Shih-shih Wu-ai* wird vom Großen Mitfühlenden Herzen lebendig erhalten. Wenn es nur gälte, ein ididuelles *Shih* nach dem andern im Spiegel des *Li* widerzuspiegeln, würde die Welt aufhören, lebendig zu sein, würde sie einfach ein Gegenstand der Kontemplation für einen Ere-miten oder Arhat werden. Aber das Herz sagt uns, daß unser eigenes Ich nur soweit ein Ich ist, als es in alle anderen Iche eingeht und mit ihnen ver-schmilzt. Das Miteinanderverschmolzensein und das Einanderdurchdrungenhaben sind die entschei-denden Wesenszüge des *Dharmadhatu,* und das heißt: der Hua-Yen-Welt. Sie dürfen nicht dem Ver-stand zur Analyse überlassen werden, sondern müs-sen zu ihrem Ursprung zurückkehren: dem Großen Mitfühlenden Herzen.

Das Große Mitfühlen ist der Schöpfer, die Große Weisheit stellt Betrachtungen an. Sie sind nicht zwei, sondern eins: die Betrachtung ist Schöpfung und die Schöpfung ist Betrachtung. Raum ist Zeit und Zeit ist Raum, und sie verschmelzen zu einem einzigen absoluten »Hier-Jetzt«, aus dem alle Dinge hervorgehen und die Hua-Yen-Welt des *Shih-shih Wu-ai* offenbar wird. Diese Einheit ist das Objekt der spirituellen unmittelbaren Erkenntnis, bei der es weder einen gibt, der erkennt, noch etwas, das erkannt wird. Die Hua-Yen-Welt ist eine Welt der Soheit. Alle Dinge spiegeln sich im Spiegel von Gottes Denken, und das Denken ist schöpferisch; daher bedeutet Spiegelung Schöpfung. Ein neues Universum ist ständig im Entstehen und zeigt, daß Gott sich in tiefer Kontemplation befindet. Das ist mit der »Ozean-Siegel-Meditation« *(sagara-mudra-samadhi)* gemeint. Von dieser Meditation nahm die Hua-Yen-Welt des *Shih-shih Wu-ai* ihren Anfang. Wir erkennen jetzt klar, daß unser individuelles Ich, das aus dem absoluten »Hier und Jetzt« hervorgegangen ist, seine wahre Bedeutung nur erlangt, wenn es mit all den anderen Ichen verschmolzen ist. In Wirklichkeit gibt es kein individuelles Ich als solches, und an ihm festzuhalten, wie die meisten von uns tun, als wenn es die letzte Wirklichkeit der Welt wäre, ist ein Selbstbetrug. Aber das darf nicht als Verneinung einer Welt des echten *Shih-shih* mißverstanden werden.

In diesem Licht ist auch die von Schülern des Zen oft gemachte Feststellung zu verstehen, daß das spirituelle Leben gänzlich verschieden vom ethischen

ist. In der Sinnenwelt sind Regeln notwendig. Jeder
hat die Aufgabe oder den Dienst, der ihm zu-
kommt zu erfüllen. Aber in der spirituellen Welt besteht eine derartige Verpflichtung nicht mehr. Hier
gibt es keine Selbstaufopferung, kein sich selber
Aufgeben für andere. Denn was so erscheinen
könnte, wäre für den Handelnden selbst nicht mehr
als das Gehen im leichten Wind des Frühlings im
Schatten des Lichtes. In einem solchen Seinsstand
bleibt keine »Spur«, gibt es keine Unterscheidungen
mehr, und man bewegt sich von einem Teil des Ganzen zum anderen ohne jede Behinderung. Oder wie
die Buddisten sagen: »Wenn ich hungrig bin, esse
ich, und wenn ich nicht essen will, unterlasse ich
es.« Es gibt keine erzwungene Anstrengung mehr,
keine moralische Selbstbeherrschung oder irgend-
einen Konflikt. Der Geist ist auf dieser Ebene, auf
der es weder moralische Wahl, noch verstandesmäßige Unterscheidung gibt, völlig frei.

Das Große Mitgefühl ist die bewegende Kraft des
Universums. Die Buddhisten personifizieren es auf
verschiedene Weise. Amida (Amitabha), »das gren-
zenlose Licht«, ist eine dieser Personifikationen und
die in Japan populärste. Die Verehrer Amidas bilden die Jodo-Schule des Buddhismus, die Schule
des Reinen Landes. An dieser Stelle ist es notwendig, ein Wort darüber zu sagen, was mit Personifizierung gemeint ist. Wenn wir davon sprechen,
etwas zu personifizieren, denken wir an zweierlei:
an etwas Unbelebtes und etwas Belebtes. Das Unbe-

lebte wird mit Gefühl ausgestattet und in ein Lebewesen verwandelt. Damit steht es als fühlendes Wesen auf der gleichen Stufe mit uns Menschen. Aber
in Wirklichkeit gibt es gar nichts Unbelebtes in dieser Welt, alles ist lebendig und von Leben erfüllt.
Selbst sogenannte Vorstellungen oder Begriffe
leben und können äußerst vitale Wirkungen auf uns
haben.

Natürlich gibt es viele bereits tote und völlig ver-
altete Vorstellungen, die, wenn wir sie als noch
lebend behandeln, nur unsägliches Unheil stiften
können. Der Grund, warum sie ihre Wirkungskraft
verlieren, ist, weil sie bloße Erfindungen des Verstandes sind und von keinen spirituellen Erkennt-
nissen getragen werden. Wo immer der Geist weht,
dort ist Leben. Nicht nur die Dinge der Natur, sondern auch die vom Menschen geschaffenen Gegen-
stände, wie Tische, Schiffe, Häuser usw. sind von
Leben erfüllt und beeinflussen uns, als Einzelne wie
als Gemeinschaft, wenn der Geist in ihnen weht.
Aber sie sterben, sobald diese Bindung an den Geist
aufgehoben ist. Und das gleiche gilt auch für Vorstellungen und Begriffe. So lange sie vom Geist
Leben empfangen, das heißt: so lange sie Ausprägungen des Geistes sind, leben sie, haben sie ewiges
Leben. Das ist genau der Fall bei Amida. Amida ist
keine personifizierte Vorstellung, wie gewöhnlich
angenommen wird. Er ist der Boden, aus dem alle
spirituellen Offenbarungen emporwachsen und auf
dem alle Individualitäten in eins gebunden werden.

Manche Menschen denken an Amida nur von einem historischen Standpunkt aus und betrachten die Amida-Legende als bloße Fiktion, die keiner ernsten Prüfung würdig ist und noch viel weniger eines wahren religiösen Interesses. Buddhisten würden darauf mit der Frage antworten: Was ist das, die Historie? Was ist das, eine historische Persönlichkeit? Billigen wir dieser Welt der Sinne und der Zeitgebundenheit mehr Realität zu, mehr Glauben und Vertrauen als der Welt des Geistes, die über die Grenzen von Zeit und Raum hinausgeht? Ist die geistige Welt bloß eine Erfindung, unwürdig jedes Vertrauens? Ist irgendein Jahr, das mit irgendeiner Jahreszahl bezeichnet wird, etwa wirklicher als das Jahr Null oder die Zeit jenseits aller Maße, z. B. »vor unendlichen Kalpas«? Wie auch immer, für die Buddhisten des Reinen Landes ist Amida genau so wirklich und lebendig wie sie selbst; nein, vom Standpunkt schöpferischer Wirklichkeit ist für sie Amida viel lebendiger und inspirierender, und sie akzeptieren sein Gelübde als von höchster lebendigster Bedeutung.

Eines der Hauptgelübde Amidas ist, daß er keine Erleuchtung erlangen will, wenn nicht durch seine Erleuchtung auch alle anderen Wesen erleuchtet werden. Und da er seine Erleuchtung bereits vor unendlichen Zeiten erlangt hat, folgt daraus, daß wir alle schon längst erleuchtet sind. Für den Verstand ist das absurd. Aber Amida ist hier keine individuelle Realität in Zeit und Raum mehr, sondern

eine spirituelle, und als solche ist er mir viel näher
als dieses Buch vor mir, ja, sogar näher als meine
eigenen Eltern. Darum kann seine Erleuchtung
nicht ohne Einfluß auf mich sein.

Als Amida seine Erleuchtung erlangte, ging er in
die spirituelle Welt ein, in der er und wir, ebenso wie
alle übrigen Wesen, eins sind und keines mehr vom
andern unterschieden. Deshalb ist seine Erleuchtung auch unsere Erleuchtung und unsere auch seine. Das ist das Geheimnis der Erleuchtung und der
spirituellen Welt. Sobald dieses Mysterium durch
Amida oder uns selbst verwirklicht worden ist, wissen wir, daß sein Gelübde bereits in uns und für uns
Früchte getragen hat und wir nicht mehr unerleuch-
tet sind. Meine Erleuchtung hängt mit der der anderen zusammen. Das ist der Sinn des Satzes: »Wenn
ein Mensch auf Erden Erleuchtung erlangt, entfaltet sich eine Lotosblume im Reinen Land, um ihm
als Sitz zu dienen.« Das Reine Land ist die spirituelle Welt, doch wir sind hier in der physischen Welt.
Aber die beiden durchdringen einander gegenseitig
und was in der einen sich ereignet, spiegelt sich in
der andern wider. Die spirituelle Welt der Nicht-
Unterscheidung und die Sinnenwelt der Unterscheidung sind eins. Wenn wir in der spirituellen
Welt, der Hua-Yen-Welt des *Shih-shih Wu-ai* sind,
wäscht das reine Wasser der Erleuchtung alle karmischen Befleckungen, die sich seit unserer Geburt
angesammelt haben – und selbst die aus der Zeit vor
unserer Geburt – von uns ab.

Die Wurzel allen Übels:
das Fehlen des großen Mitgefühls

Solange wir in der Welt der dualistischen Logik bleiben, wird uns das vom Großen Mitgefühl bestimmte *Shih-shih Wu-ai* unverständlich sein, woraus sich viele der schmerzlichen Irrtümer unseres täglichen Lebens erklären. Wir Japaner haben viele Jahre schwer unter der Politik des Totalitarismus und Individualismus gelitten, die beide dem *Shih-shih Wu-ai* gleich feindlich sind, denn beiden fehlt das wahre Verständnis für das Große Mitgefühl. Selbst die vielgepriesene Entwicklung von Wissenschaft und Technik kann sich nur als Quelle des Elends für die Menschheit erweisen, wenn das Prinzip des Großen Mitfühlens nicht richtig verstanden wird. Viele der zwischen den Nationen bestehenden Spannungen entspringen dem mangelnden gegenseitigen Verstehen, dessen Wurzel das Fehlen des Großen Mitgefühls in internationalen Angelegenheiten ist. Auch die Demokratie muß, wenn sie erfolgreich sein soll, fest auf dem Gedanken der Brüderlichkeit gegründet sein. Wie sehr man sich auch mit Gesetzen und Verordnungen in Wirtschaft und Industrie um ein reibungsloses Funktionieren des Zusammenlebens bemüht, solange das Große Herz des Mitfühlens fehlt, werden die Menschen niemals ihre spirituelle Verbundenheit zu entdecken vermögen.

Amida ist berühmt für seine achtundvierzig Gelübde, die sogenannten »Ursprünglichen Gelübde« *(purvapranidhana).* Manche dieser Gelübde scheinen in keiner Beziehung zum modernen Leben zu stehen, aber das gemeinsame, sie alle verbindende Ziel ist, alle Wesen von den Leiden zu erlösen, die aus den verstandeshaften Unterscheidungen, aus Leidenschaften, ichsüchtigen Begierden und karmischen Behinderungen entstehen. Wenn die Herrschaft des Ich immer stärker wird und das, was über ihm ist, außer Sicht gerät, daß heißt, wenn das Einzelindividuum auf Kosten des höheren Selbst immer mächtiger hervortritt, muß die ganze Welt hoffnungslos in Elend versinken. Vor dieser Welt will uns Amida retten, indem er uns zur Verwirklichung des spirituellen Lebens führt. Wir müssen uns aber darüber klar sein, daß, ein spirituelles Leben zu führen, nicht heißt, das sogenannte weltliche Leben aufzugeben. Würden wir das tun, so wäre es das Ergebnis einer dualistischen Lebensinterpretation und wir würden damit der Hua-Yen-Welt des Shih-shih Wu-ai den Rücken kehren. Die Erleuchtung wird nur in Amida, mit Amida und durch Amida gefunden, aber Amida ist niemand anderer als unser eigenes Selbst in dieser Welt, die jetzt mit all ihrer Vielfältigkeit und mit ihren Karma-Verwicklungen in einen spirituellen Dharma-*dhatu* verwandelt wurde, wie ihn die Hua-Yen-Lehre beschreibt. In der Welt zu sein, als ob man nicht in der Welt wäre, ist der Schlüssel zum Hua-Yen-Leben.

Man mag fragen: Genügt es also nicht, in dieser Welt der Individualisation zu bleiben? Warum ist es notwendig, in den Bereich der Nicht-Unterschei-

dung zu wechseln? Ist die moralische Welt nicht
völlig ausreichend? Ist es notwendig, sie aufzugeben, um eine Religion anzunehmen oder nach
einem spirituellen Leben zu suchen? Was gewinnen
wir wirklich durch eine Ablehnung dieser dualistischen Welt, wenn das spirituelle Leben nicht mehr
ist, als die Annahme dieser Welt der Unterscheidung, wie sie ist? Wer so spricht, vergißt, daß Ethik
allein uns niemals den vollen inneren Frieden zu
geben vermag. Die meisten Menschen sind sich
ihrer spirituellen Wünsche und Sehnsüchte gar
nicht bewußt, weil diese von Stolz, Selbstbetrug
und Verstandeshaftigkeit so sehr überlagert sind,
daß es äußerst schwierig ist, die Stimme des Geistes
in voller Stärke zu vernehmen. Der Geist ist aber die
ganze Zeit, wenn auch überdeckt von Selbstillusio-
nierung und Verstandeshaftigkeit, so doch voll
lebendig. Und wie wir uns normalerweise der Luft
nicht bewußt sind, die wir atmen, so beachten wir
die Mahnungen des Geistes nicht, die unsere volle
Aufmerksamkeit verdienen würden. Aber bei Erleb-
nissen, die im empfindlichen Gegensatz zu unseren
ichsüchtigen Wünschen und Erwartungen stehen,
halten wir still und beginnen über die Ohnmacht
unserer irdischen Wünsche nachzudenken. Das ist
der Augenblick, in dem der Geist sich durchsetzt
und uns zwingt, über den bloßen Verstand hinaus
zu blicken. Auch wenn wir solche Enttäuschungen
nicht allzu lebhaft empfinden, sie wecken in unserem Herzen Empfindungen, die unsere Aufmerk-

samkeit wachrufen. Mögen auch viele Menschen auf Grund ihrer schweren karmischen Hindernisse taub für diese innere Stimme sein, andere sind empfänglich genug, sie zu vernehmen. Aber selbst, wenn wir bereit sind, dieser Stimme zu lauschen, kann es geschehen, daß wir nicht sofort erkennen, was sie wirklich meint; sobald wir jedoch gelernt haben, auf sie zu hören, wird früher oder später der Augenblick kommen, in dem wir ihre volle Bedeutung erkennen. Das ist einerseits sehr verlockend, andrerseits bedrohlich, weil wir hier eine Kraft erkennen, die stärker ist als wir und uns zwingt, zwischen dem Ich und dem Nicht-Ich, zwischen dem Verstand und der spirituellen Intuition zu wählen.

Wer auf der Ebene der Unterscheidung und der Ethik lebt, mag gleichgültig bleiben. Es wird stets schwierig sein, Menschen für eine höhere Seins-Ebene zu interessieren, die niemals ein spirituelles Erwachen erlebt haben. Religion entsteht nicht aus Ethik und Logik, sondern umgekehrt: diese gehen aus der Religion hervor. Selbst, wenn die Religion und die Ethik von derselben Sache zu sprechen scheinen, gehören sie zu zwei verschiedenen Welten: die eine zur Welt des Hua-Yen und die andere zur Welt der bloßen Sinne. Der spirituelle Mensch und der moralische Mensch möchten alle beide vermeiden, Böses zu tun, aber im moralischen Menschen bleibt ein gewisses Gefühl des Sich-dazu-Zwingens bestehen und die Empfindung, daß er etwas, das ihm eigentlich zustünde, aufgeben muß, während der spirituelle Mensch frei und natürlich handelt, so spontan wie die Blumen im Frühling blühen; sein Geist ist frei von »Spuren« des Widerspruchs oder der Notwendigkeit des Wählens. Denn hier handelt der Buddha Amida und nicht ein beschränktes »Ich«; Amida hat mich aus dem widersprüchlichen Leben der Dualität und Unterschiedenheiten, der Kämpfe und der Entscheidungen auferweckt. Dieses mein Erwachen in die Gegenwart Amidas ist eine spirituelle unmittelbare Erkenntnis, ist das Selbsterwachen des Geistes und das heißt, in die Welt des *Shih-shih Wu-ai* sehen. Damit beginnt erst das buddhistische Leben, im Unterschied zum moralischen Leben der Selbstgerechtigkeit.

In einem alten chinesischen Lied heißt es:

»Wenn die Sonne aufgeht,
arbeite ich auf dem Feld;
Wenn die Sonne untergeht, ruhe ich.
Ich grabe einen Brunnen und ich trinke;
Ich bestelle den Boden und ich esse, –
Was hat die kaiserliche Macht
mit mir zu schaffen?«

Nach chinesischer Geschichtsschreibung war die Regierung Yaos vorbildlich. Die Bevölkerung hatte unter keiner politischen Willkür zu leiden, sie kannte keinerlei gesellschaftliche Schranken und alle lebten so frei und natürlich wie Kinder. Die Welt war für sie, was die Sonne für das Wachstum der Pflanzen ist. Im Leben einfacher Menschen, wie im Leben der Tiere ist etwas spürbar, das an das Spirituelle gemahnt, weil sie alle so leben wie Gott es vorschreibt; sie folgen einfach dem Willen Gottes und haben alle Eitelkeit und allen Egoismus beiseite gelassen. Unschuld ist eines der Merkmale der Spiritualität.

Dieses spirituelle Leben in Einklang mit der Natur – Natur in ihrem göttlichen Aspekt verstanden – ist gut und schön soweit es das individuelle *Shih* betrifft; aber der Mensch kann nicht die ganze Zeit bei sich selber bleiben und über die karmischen Behinderungen nachdenken, unter denen seine Mitmenschen in der Welt der Unterscheidung schmerzlich leiden; sein mitfühlendes Herz findet keine Ruhe, ehe er nicht etwas für sie getan hat. Er ist ein Bodhisattva und kein Arhat. Sein Bodhisattvawesen, und das heißt Amida in seinem Herzen, wird ihn niemals selbstzufrieden in Meditation entsinken lassen, sondern wird ihn drängen, andere ebenfalls der Freude teilhaftig werden zu lassen, die ihn so glücklich macht. Der Mensch ist ein soziales Wesen, er entstammt der Hua-Yen-Welt. Wir alle streben nach einem Utopia, obwohl es in der Natur von Utopia liegt, daß es niemals auf Erden verwirklicht werden kann. Aber wir streben trotzdem danach und erschöpfen alle unsere Energien, es zu schaffen. Amidas Gelübde gilt für die Ewigkeit; er weiß, daß es immer unerleuchtete Wesen geben wird und daß er erst Ruhe finden kann, bis er auch dem letzten Menschen zu Erleuchtung und Erlösung verholfen hat. In der ethischen Welt des Unterschieds und der Unterscheidung sind Amidas Mühen vergeblich, sie sind viel Lärm um Nichts; Amida gleicht mit ihnen einem alten Mann, der versucht, einen Brunnen mit Schnee zu füllen, er wird seine Arbeit nie vollenden können. Und das Seltsamste daran ist, daß er das weiß. Er wird aber sein Tun niemals aufgeben, denn er ist dieses Tun.

Aber warum diese vergebliche Arbeit Amidas oder des Bodhisattva? Solange wir auf der Ebene von Unterschied und Unterscheidung, von Logik und Ethik, von Nützlichkeit und Zweckmäßigkeit, von Geben und Nehmen bleiben, kann diese Frage niemals beantwortet werden. Philosophen und Theologen haben schon seit den ersten Anfängen des menschlichen Bewußtseins um diese Frage gerungen und sind nie zu einer endgültigen Lösung gekommen, denn sie sind niemals bis in den Hua-Yen-Bereich des *Shih-shih Wu-ai* vorgedrungen, sie sind niemals bis zu dem absoluten Punkt des »Hier und Jetzt« durchgestoßen, wo der Unterschied Nicht-Unterschied und die Unterscheidung Nicht-Unterscheidung ist, wo die Kirschblüten nicht rosa sind und die Wellen niemals den Pazifik aufwühlen. Christen würden sagen, daß diese Mysterien für immer in der Brust Gottes verborgen sind. Es ist dem menschlichen Verstand nicht erlaubt, sie zu ergründen. Erst, wenn der Mensch seinen Verstand hinter sich läßt und sich in Gottes Arme wirft, wird Gott ihm diese Geheimnisse offenbaren.

Alle die Gelübde des Bodhisattva sind demnach auf keinen bestimmten Zweck bezogen; und das Gleiche gilt für das buddhistische Leben auf seiner höchsten Entwicklungsstufe. Man wird vielleicht diese Art Leben mit dem der Tiere oder der Pflanzen vergleichen und in diesem Vergleich ist ein Stück Wahrheit enthalten, denn auch die Vögel fliegen in der Luft ohne ein Warum und die Blume auf dem Felde blüht, ohne damit einen bestimmten Zweck zu verfolgen. Gewiß: die Vögel suchen vielleicht nach Nahrung, die Blumen locken Insekten an, die mit ihrem Besuch zugleich für Befruchtung sorgen. Aber das ist nur vom Standpunkt des Menschen aus so, denn ungeachtet all dieser Zielstrebigkeit der Natur, wird darin etwas offenbar, das weit über das alles hinausgeht – nämlich das, was die Christen die Glorie Gottes nennen. Die Glorie Gottes steht hinter all diesen biologischen Gegebenheiten und strahlt durch sie hindurch. Die Natur ist eben nicht nur Natur, sie spiegelt gleichzeitig eine Übernatur wider, um deretwillen Christen wie Buddhisten Gott lobpreisen und rühmen. Seine Glorie ist dieses sein Freisein von Zwecken, sein lauteres Tun, der *actus purus*.

Wir können sagen, daß Gott etwas vom Wesen der Natur in sich hat, daß aber seine Naturhaftigkeit ihn nicht daran hindert, übernatürlich, das heißt Gott zu sein. Wenn Voltaire sagte, daß wir uns nicht viel um unsere Erlösung zu sorgen brauchen, weil es Gottes Geschäft sei, uns zu retten, mögen Christen das als Blasphemie empfinden, aber die Hua-Yen-Philosophen fassen das anders auf; die Notwendigkeit Gottes ist keine menschliche Notwendigkeit. In Gott ist die Notwendigkeit vollkommen eins mit der Freiheit, bei ihm ist Notwendigkeit Freiheit und Freiheit Notwendigkeit. Diese Einheit, diese Identität der Gegensätze, sah Voltaire nicht, weil er Gott von seinem menschlichen Standpunkt aus beurteilte und unfähig war, über sich selbst hinauszugehen. Seine »Blasphemie« besteht in seiner eigenen Profanierung und richtet sich gegen ihn selbst. Gott wird davon überhaupt nicht berührt, Gott bleibt bei seinem »Geschäft« und der Mensch wird niemals aufhören, um seine Erlösung durch die Gnade Gottes zu bitten.

Im Buddhismus haben wir etwas Ähnliches. Man kann fragen: »Wenn wir, wie Amida sagt, unsre Erleuchtung erlangten, als er die seine erlangt hat, vor unzähligen Kalpas, warum ist es dann nötig, uns jetzt darum zu bemühen?« Wir antworten: Wenn die Menschen sich voll bewußt wären, daß sie ihre Erleuchtung zur gleichen Zeit wie Amida erlangt haben, würden sie sicherlich bereits erleuchtet sein. Mit anderen Worten, ihre Verwirklichung und die Amidas erfolgen gleichzeitig und sie bedingen einander. Wenn sie sie haben, hat er sie, und wenn er sie hat, haben sie sie. Wenn die Menschen sicher sind, vor unzähligen Kalpas zugleich mit Amida die Erleuchtung erlangt zu haben, heißt das, daß sie jetzt und hier erleuchtet sind. Sie brauchen sich nicht mehr darum zu bemühen, denn sie haben bereits, was sie suchen; sie müssen nur davon wirklich überzeugt sein. Beim leichtesten Schatten eines Zweifels in ihrem Herzen sind sie verdammt. Voltaire muß göttliche Hilfe zuteil geworden sein, daß er von Gottes eigenem »Geschäft« mit solcher Überzeugung sprechen konnte.

Wie dem auch sei, die achtundvierzig Gelübde Amidas und die beständigen Bitten aller Wesen sind die Grundlage des spirituellen Lebens, Manifestationen der Wirksamkeit des Großen Mitfühlenden Herzens. Wir fühlen in den Tiefen unseres Seins ein bestimmtes nie zur Ruhe kommendes Sehnen nach etwas, das über uns hinausgeht. Wir sind weniger mit Amida oder seinem Versprechen beschäftigt, als mit uns selbst. Dieses scheinbar egoistische Zentriertsein endet erst, wenn Amida in unser Sein eintritt und es nur noch ihn und kein Ich mehr gibt. Hua-Yen würde sagen, Amida manifestiert sich jetzt ganz, er hat seine volle Macht erlangt, ist mit der Vielheit der Dinge verschmolzen und die statisch räumliche Vorstellung des *Shih-shih Wu-ai* wurde in ein höchst lebendig funktionierendes Spiel verwandelt, das als das »gleichzeitige Erwachen der Vielheit *(Shih-shih)*« bezeichnet wird.

Einer der wesentlichsten Unterschiede zwischen dem Christentum und dem Buddhismus ist, daß das Christentum stets irgendeiner Form des Dualismus zugewandt bleibt; selbst, wenn Gott und Mensch auf mystische Weise eins werden, löscht

114

diese Einswerdung, diese unio, nicht alle Spuren von Dualismus aus; sie gleicht keineswegs der, die wir als *Shih-shih Wu-ai* im Hua-Yen-Buddhismus kennengelernt haben. Vielleicht wird man sagen, daß das Hua-Yen pantheistisch ist, aber der Pantheismus ist zweifellos ebenfalls eine christliche Vorstellung, weil er noch Reste von Dualismus in sich birgt; denn Gott bleibt im Grunde außerhalb der Dinge, die ihn manifestieren. Im Buddhismus hinterläßt selbst Gott nirgendwo Spuren außerhalb oder innerhalb des *Dharmaloka* von *Shih-shih Wu-ai*.

Neben Amida haben die fernöstlichen Buddhisten noch Kwannon Bosatsu (Avalokitesvara, wenn auch nicht in seiner ursprünglichen Form)[8]) als »Personifizierung« des Großen Mitfühlenden Herzens. Er hat keine achtundvierzig Gelübde abgelegt wie Amida, aber es heißt, daß er sich in dreiunddreißig verschiedenen Formen manifestiert als Antwort auf die Wünsche seiner Verehrer. Da aber solche Wünsche nicht auf eine bestimmte Zahl beschränkt werden können, vermag er auf eine unbegrenzte Zahl von Arten mit seinen Verehrern in Kontakt zu treten. Das Entscheidende jedoch ist, daß er jederzeit bereit ist zu antworten, wann und wo immer die Umstände es erfordern. Sobald seine Anhänger ihn ernstlich um Hilfe anflehen, sehen sie ihn von Angesicht zu Angesicht. »Suche und du wirst finden«, heißt es von Kwannon, was an den Ausspruch Christi erinnert »Klopfet an und es wird euch aufgetan werden«.

Amida wird auch mit unserem Leben nach dem Tode im Reinen Land in Verbindung gebracht, während Kwannon uns von den Übeln und Schicksalsschlägen in dieser Welt errettet. Was aber Kwannon von den übrigen Bodhisattvas unterscheidet, ist, daß er denen Furchtlosigkeit *(abhayadana)* schenkt, die sich inmitten weltlichen Unheils wie Krieg, Erdbeben oder im Schmerz über den Tod von Freunden und Verwandten befinden. Bei solchen Anlässen soll man Kwannon um seine Hilfe anflehen und das Herz wird vom Gefühl der Furchtlosigkeit erfüllt werden und man wird es mit allen Nöten und Bedrohungen aufnehmen können. Das ist auch gemeint, wenn es im Sutra heißt, daß beim Anrufen Kwannons selbst das Schwert des Henkers in Stücke zerbrechen wird. Dieses Wunder ereignet sich nicht auf der physischen Ebene, sondern es geschieht im Geist dessen, der von Furchtlosigkeit erfüllt ist. Furchtlosigkeit ist hier spirituell und nicht bloß moralisch zu verstehen und bedeutet weder Leichtsinn noch Hoffnungslosigkeit, sondern besteht im ruhigen Annehmen des Unvermeidlichen und darin, daß man die Wechselfälle des Lebens von einer höheren Ebene aus betrachtet. Furchtlosigkeit ist der buddhistische Ausdruck für: »Dein Wille geschehe!«

»Sich der Macht Kwannons zu besinnen«, also seines mitfühlenden Herzens, hat nichts mit bloßem Erinnern zu tun. Es heißt vielmehr, dieses machtvolle Mitgefühl im eigenen Sein aufzuspüren, über das Diesseits hinauszublicken, bis an die eigenen existentiellen Grenzen vorzustoßen und über den Abgrund zu springen, der sich vor einem auftut. Nur auf diese Weise gelangt man zu Furchtlosigkeit. Die Tür, die unüberwindlich schien, öffnet sich beim leichtesten Druck, die eigenen Grenzen werden überschritten und man entdeckt sich selbst als das ungeheure unbekannte Sein. All die kleinen Dinge des Lebens, die uns beengt haben, gibt es nicht mehr.

Die Liebe Kwannons oder Amidas für alle Wesen besteht darin, sie dieses Geistes der Furchtlosigkeit teilhaft werden zu lassen. Denn Furcht ist es, die verhindert, daß ein Mensch dem anderen voll Mitgefühl begegnet. Furcht errichtet alle Arten von Hemmungen zwischen zwei Seelen und läßt sie nicht eins werden, sodaß die Hua-Yen-Welt des *Shih-shih Wu-ai* nicht entstehen kann. Das Ich fürchtet sich vor dem Nicht-Ich. Furcht, diese Brutstätte von Mißtrauen, Neid und Eifersucht, verwandelt das Ich in eine Festung gegenüber allem, was es umgibt. Der Geist in dieser Ich-Festung verhindert das Wirken des Großen Mitfühlenden Herzens, das die bewegende Kraft der Hua-Yen-Welt des *Shih-shih Wu-ai* ist. Aber Furchtlosigkeit beseitigt alle Schranken zwischen dem Ich und dem Nicht-Ich, oder besser gesagt, diese Beseitigung aller Schranken ist Furchtlosigkeit.

Die Furchtlosigkeit ist nicht zweckbestimmt. Wenn sie einen bestimmten Zweck zu erreichen suchte, würde sie sich selbst Grenzen ziehen und damit ängstlich und berechnend werden. Das Große Mitgefühl würde aufhören »groß« zu sein und wäre, durch das Ich beschränkt, bloß menschlich; denn hier bedeutet »groß« unendlich, grenzenlos, unermeßlich; alles, was über die Meßbarkeit hinausgeht, muß auch ohne bestimmten Zweck sein, nicht im Sinne von zügelloser Freiheit oder von mechanischer Notwendigkeit, sondern im Sinne der Identität von Zweckhaftigkeit und Zweckfreiheit, von Unterschied und Nicht-Unterschied.

Ein chinesischer Dichter, der an einem Sommertag eingeschlafen war, schrieb die folgenden Zeilen:

»Mein Schlaf war so tief,
Daß ich den Regenguß überhörte;
Als ich erwachte,
Wie kühl war die Luft in meinem Zimmer!«

Dieses Gedicht und jenes Lied des Bauern aus der Zeit des Yao veranschaulichen die Furchtlosigkeit und die Zweckfreiheit des buddhistischen Lebens, das von dem Großen unbegrenzt Mitfühlenden Herzen inspiriert ist.

Wenn wir das Universum aus dieser Sicht betrachten, können wir dann nicht sagen, daß Gelübde, Gebete und alle Bemühungen um Erlösung gar keinen Zweck haben? Die Antwort ist: »Nein und ja«. Denn eine solche Frage kann niemals auf der Ebene des Verstandes, die in der einen oder anderen Form von Dualismus bestimmt ist, entschieden werden. Im Bereich der dualistischen

Weisheit ist immer »Sowohl – als auch«,
niemals »Entweder – oder«

Logik darf man stets nur mit »ja« oder »nein«
antworten; die Antwort kann niemals beides – »ja«
und »nein« – sein, weil wir uns hier auf dem Gebiet
des »Entweder – oder« und nicht des »Sowohl – als
auch« befinden. Wenn gesagt wird, daß alles ohne
Zweck und Ziel ist, könnte man fragen, was es dann
überhaupt noch für einen Sinn hat zu leben? Wäre
es da nicht besser Selbstmord zu begehen und dieses
nutz- und zwecklose Leben zu beenden? – Das
große Unglück ist, daß das menschliche Leben so
sehr vom Verstand und von praktischen Überlegungen beherrscht wird. Wir sind nicht zufrieden, einfach zu leben und keine Fragen zu stellen. Wir können offensichtlich nicht einmal die Spatzen in der
Luft und die Lilien auf dem Felde in Frieden lassen,
sondern müssen danach fragen, ob sie die Glorie
Gottes vergrößern oder vermindern. Irgendwie
zögern wir immer wieder in die Hua-Yen-Welt des
Shih-shih Wu-ai einzutreten. All diese praktischen
»menschlichen« Überlegungen, zusammen mit den
Argumenten des Verstandes, hindern uns daran,
das, was Gott mit uns vorhat, in seinem wahren
Wert zu begreifen. Gottes Weisheit ist immer »Sowohl – als auch« und niemals »Entweder – oder«.
Am absoluten Punkt des »Hier und Jetzt« gibt es
keine Wahl mehr und gibt es kein »entweder –
oder«. Aber sobald wir anhalten, um zu sehen, ob
wir wirklich im »Hier und Jetzt« sind, verschwindet
das »Sowohl – als auch« und der Verstand übt sofort
wieder seine volle Macht aus. Wir schwanken,

119

zögern stellen Fragen und haben den Zustand der Furchtlosigkeit und der Zweckfreiheit für immer verloren.

Es muß jedoch daran erinnert werden, daß dieses Ablehnen des »Entweder – oder« und Akzeptieren des »Sowohl – als auch« keinesfalls im Widerspruch zur Realität menschlicher Nöte und Leiden steht, die uns überall umgeben. Das heißt, daß diese Wirklichkeiten bestehen bleiben und solange sie da sind, werden Bitten vorgebracht werden und Amidas und Kwannons Großes Mitfühlendes Herz wird ihnen weit geöffnet sein. Das ist das große Mysterium des Lebens. Der Verstand muß es als solches akzeptieren und demütig darauf warten, daß der Geist sich offenbart. Das ist ein Gebiet, das der Wissenschaft und dem Rationalismus verschlossen ist. »Übernatürliches« bleibt wirksam, jedoch ohne daß dabei die Forderungen des Verstandes verleugnet werden.

Im Lotos-Sutra *(Saddharma-pundarika)* erzählt Shakyamuni, daß er in unvordenklicher Vergangenheit die Erleuchtung erlangt hat, daß diese dreifache Welt seine Heimat ist und alle fühlenden und nichtfühlenden Wesen seine Kinder sind. Im *Lankavatara-Sutra* lesen wir, daß *Prajna,* die Große Weisheit, gänzlich eins ist mit *Karuna,* dem Großen Mitgefühl, obwohl *Prajna* über den Dualismus von Sein und Nicht-Sein weit hinausgeht. *Prajna* ist niemals von *Karuna,* dem Großen Herz des Mitgefühls für alles menschliche Elend, zu trennen. Vimalakirti erklärt: »Ich bin krank, weil meine Mitmenschen

120

krank sind.« *Prajna* und *Karuna* sind gegensätzliche Begriffe, insofern *Prajna* der Welt des Nicht-Unterscheidens, und *Karuna* der des Unterscheidens zugeordnet ist. Aus der Verschmelzung der beiden Welten jedoch entsteht *Upaya* mit all der Vielfalt von Mitteln zur Erlösung. *Upaya* bedeutet »Weg«, »Verfahren«, »Mittel«, »Maßnahme«, »Planung«, »Berechnung« usw. Kurz, *Upaya* ist diese Welt der Einzelheiten gesehen vom Standpunkt menschlicher Verwirklichung und menschlichen Scheiterns.

Im japanischen Buddhismus vertritt Zen den *Prajna*-Aspekt des Mahayana und die Schule des Reinen Landes den Aspekt des *Karuna*. Zen neigt zum Arhat-Ideal und das Reine Land zum Bodhisattva-Ideal. Zen wird manchmal als eine Form von Naturmystik mißverstanden, als »die intellektuelle Gottesliebe« oder als »eine ästhetische Betrachtung der Natur«, aber in den vorhergegangenen Abschnitten wurde gezeigt, daß dem nicht so ist. Manche werden sagen, daß das Reine Land (Jodo), das den Wert der Ungelehrtheit und Einfachheit betont, für die Massen bestimmt ist, wie etwa gegenwärtig in Japan. Religion wird allgemein dem Wissen gegenübergestellt, denn zuviel Wissen, sagt man, behindert das Wachstum des spirituellen Lebens, und es ist daher ganz natürlich, daß Jodo Ungelehrtheit verteidigt und pedantische Gelehrsamkeit gering achtet. Zen dagegen schätzt Gelehrtheit keineswegs gering. Die Zen-Lehre entstand in

China und sie enthält sehr viel chinesisches Gedankengut; und um die Zen-Literatur zu verstehen, ist es wichtig, einige Kenntnisse der chinesischen Literatur zu haben. Zen wird in Japan mehr von der intellektuellen Elite und nicht so sehr von den Massen studiert. Das Reine Land entstand in Japan unter der Führung von Honen (1133 – 1212) und Shinran (1173 – 1262). Obwohl es keineswegs für Ungebildete bestimmt ist, sind es vorwiegend diese, und damit Menschen, die gewöhnlich besonders schwer unter dem Druck der politischen Verhältnisse leiden, die ihre Zuflucht zum Großen Mitfühlenden Herzen Amidas nehmen. Das Reine Land als religiöses Glaubenssystem hat nichts mit Politik zu tun, aber es enthält etwas, das menschliche Herzen tief und mächtig berührt. In diesem Sinne ist das Reine Land sozial und humanistisch, während im Zen diese Aspekte nicht unmittelbar angesprochen werden.

Als Beispiel für den Buddhismus der Jodo-Art im Unterschied zum Zen-Buddhismus möchte ich ein oder zwei Ereignisse aus dem Leben Shomatsus, eines der großen Shin-Verehrer der neueren Zeit, erzählen, der unter dem Namen Shoma (1788 – 1871) sehr bekannt war. Er lebte in Sanuki als armer Arbeiter, der für andere arbeitete. Kleine Geschichten aus seinem Leben sind in einem Buch »Shoma, wie er war« festgehalten, dem die folgenden entnommen sind.

Shoma besuchte einst einen buddhistischen Tempel auf dem Land, legte sich vor dem Altar Amidas in der großen Halle nieder und machte es sich bequem. Von einem erstaunten Freund gefragt, ob er so wenig Respekt vor Amida habe, sagte er: »Ich bin in mein Elternhaus zurückgekehrt und Du, der Du mich so fragst, dürftest nur ein Stiefkind sein.« Das ist eine Haltung, die an ein Kind erinnert, das an der Mutterbrust eingeschlafen ist. Er schien in den Armen des Großen Mitfühlenden so glücklich, daß die physische Welt mit ihren Förmlichkeiten gänzlich aus seinem Geist verschwunden war.

Ein anderes Mal hatte er auf der Heimfahrt von Kyoto nach Shikoku einen Meeresarm zu überqueren. Als er mit seinen Gefährten im Segelboot unterwegs war, kam ein Sturm auf, der das Meer so wild aufpeitschte, daß das Schiff zu sinken drohte. Die anderen verloren den Glauben an Nembutsu und riefen Kompira, den Gott des Meeres, um Hilfe an. Aber Shomatsu schlief, bis ihn seine Freunde weckten und fragten, wie er angesichts einer solchen Gefahr so fest schlafen konnte. Shoma rieb sich die Augen und erkundigte sich: »Sind wir noch in der *Shaba*-Welt?«[9])

Wieder ein anderes Mal kam er nach der Arbeit auf dem Reisfeld ermüdet nach Hause, um sich auszuruhen. Als er eine kühle erfrischende Brise spürte, erinnerte er sich des Amidabildes auf dem Altar, nahm es mit ins Freie, stellte es neben sich auf und sagte: »Auch dir wird die Brise gut tun.«

So etwas mag seltsam scheinen, aber für das reine
Gefühl hat alles Leben, so wie für ein Kind die
Puppe ein lebendiges Wesen ist. In einer chinesischen Geschichte wird von einem Sohn erzählt, der
sich in einer stürmischen Nacht auf das Grab seines
Vaters legte, um es mit seinem Körper vor dem
Regen zu schützen. In der Welt des reinen Gefühls
ist man sich dieser Form der Personifizierung nicht
bewußt. Nur der Verstand macht einen Unterschied
zwischen belebt und unbelebt, fühlend und nicht-
fühlend. Vom spirituellen Standpunkt aus lebt alles
und ist alles Gegenstand liebevoller Aufmerksamkeit. Es handelt sich hier auch um keinen Fall von
Sinnbildlichkeit, sondern Tatsachen werden als Tatsachen und Wirklichkeiten als Wirklichkeiten genommen. Das ist das Leben des *Shih-shih Wu-ai,* das
ist das buddhistische Erleben.

Vorkommnisse wie diese – der tiefe Schlaf Shomas auf einem Schiff, das nahe daran war zu kentern
– werden häufig von tief religiösen Menschen berichtet, wie Madame Guyon oder Hakuin, einem
großen japanischen Zen-Meister (1685 – 1768). Was
in Shomas Fall am meisten beeindruckt, ist die Frage: »Sind wir noch auf Erden?« Er war sich weder bewußt, in dieser Welt des Leidens, noch in der heilen
Welt vollkommener Glückseligkeit – dem Reinen
Land – zu sein. Er lebte nach aller Wahrscheinlich-
keit in seiner eigenen Vorstellungswelt, in Vorstellungen nicht des Verstandes, sondern spiritueller
Natur. Leben und Tod waren wie ziehende Wolken

am Himmel und bedeuteten ihm nicht mehr als diese.

Als Shoma einmal auf einer Reise erkrankte, trugen ihn seine Freunde auf einem Tragsessel heim und sagten zu ihm: »Jetzt, wo du wieder in deinen vier Wänden bist, fühle dich wohl und sei Amida für sein Erbarmen dankbar.« Shoma sagte: »Ich danke euch, aber wo immer ich auch krank sein möge, das Reine Land ist immer gleich neben mir.«

Ein Besucher, der Shoma sehr krank vorfand, sagte zu ihm: »Wenn Du stirbst, werden wir dafür sorgen, daß Du einen schönen Grabstein bekommst.« Shoma antwortete: »Ich werde niemals unter dem Stein sein.«

Dem allen können wir entnehmen, daß Shomas Welt sich nicht mit unserer deckte. Er sah die Dinge nicht im gleichen Licht wie wir. Seine Augen waren auf eine Welt gerichtet jenseits der unseren, jedoch nicht von der unseren getrennt.

Diese Einstellung Shomas kann mit einem Satz der Zen-Lehre erläutert werden, der besagt, daß Tao, der Weg, unser Alltags-Denken sei. »Alltags-Denken« meint hier die spirituelle Ebene, jedoch nicht von der physisch-verstandeshaften getrennt. Für den Geist Shomas war das Reine Land nicht irgendwo jenseits dieser Welt, sondern hier. Sein Leben in dieser Welt war ein Leben im Reinen Land, wo das Meer immer ruhig ist und die Schiffe sicher sind. Inmitten der gefährlichsten Geschehnisse gab es für ihn daher keinen Grund, sich vor irgendetwas zu fürchten. Wenn er schläfrig war, schlief er, wenn er aufbleiben wollte, blieb er auf, als das Schiff von den Wogen hinauf und hinunter geschleudert wurde, war auch er hinauf und hinunter geschleudert worden, denn er identifizierte sich mit dem Tumult und akzeptierte, was immer auch geschehen würde, als ob ihn die Folgen nicht berührten. Selbst in den sich aufbäumenden Wellen spürte er die liebenden Arme des Mitfühlenden, und er schlief in dem Schiff genauso, wie wenn er sich vor dem Amidabild im Tempel hingelegt hätte. Er war sich der liebenden Arme Amidas immer bewußt und das bedeutete, daß sein »Alltags-Denken« in der Hua-Yen-Welt des vollkommenen Miteinanderverschmolzenseins niemals von äußeren Umständen gestört wurde.

Die beiden folgenden Aussprüche Shomas werden »seine Welt« deutlich machen. Als er hörte, wie sich jemand über die Tätigkeiten christlicher Missionare beklagte, sagte er: »Nichts ist schöner, als wenn ein gewöhnlicher Mensch zu einem Buddha wird.« Als er gefragt wurde, auf welche Weise man des Lebens nach dem Tode gewiß sein könne, sagte er: »Überlaßt das dem Amida, das ist nicht unsere Angelegenheit.«

Man gestatte mir zum Abschluß einige Worte über die praktische Anwendung der Hua-Yen-Lehre des *Shih-shih Wu-ai* in unserem gesellschaftlichen Zusammenleben. Die Gesellschaft ist ein Organismus, dessen einzelne Teile oder Grundeinheiten

(Shih-shih) aufs engste miteinander verbunden sind. Wenn einer der Teile in irgendeiner Weise Schaden erleidet, so ist es sicher, daß die anderen Teile früher oder später auf die eine oder andere Art ebenfalls daran teilhaben werden. Es ist wie bei unserem Körper: selbst die leichteste Verletzung der Haut kann den Tod verursachen, wenn es zu einer Blutvergiftung kommt. Daher ist jede Einheit sorgfältig gegen mögliche Schädigungen zu schützen und gleichzeitig ihr gesundes Wachstum mit allen Mitteln zu fördern. Die Gesundheit und die Entwicklung des Gesamtkörpers hängen von seinen individuellen Einheiten ab; diese sind ebenso wichtig wie jener. Für die Volkswirtschaft sind Kapital wie Arbeit gleichermaßen erforderlich, und Arbeiterschaft und Bürgertum dürfen einander nicht feindlich gegenüberstehen. Das Gefühl der Zusammengehörigkeit ist für das Wohlergehen der ganzen Gemeinschaft von absoluter Notwendigkeit, und dieses Zusammengehörigkeitsgefühl ist am stärksten, wenn es auf Gleichheit und Freiheit gegründet ist. Und all das, dessen müssen wir eingedenk sein, läßt sich nur verwirklichen, wenn es seine Wurzeln im fruchtbaren Boden des Großen Mitfühlenden Herzens hat.

Das Ideal des Weltfriedens wird nur Wirklichkeit werden, wenn Toleranz und gegenseitiges Verstehen in ihrer vollen Bedeutung begriffen werden. Solange die internationale Politik nur vom Willen zur Macht diktiert ist, wird es stets Angst, Mißtrauen und Hinterhältigkeiten zwischen den Nationen geben, was mit Sicherheit zu kriegerischen Verwicklungen führen muß.

Auch in der Religion muß der Geist der Toleranz sich durchsetzen. Das Christentum und der Buddhismus sind zwei große Weltreligionen. Sie unterscheiden sich voneinander in vieler Weise. Um nur einige dieser Unterschiede zu nennen: die eine verkündet einen transzendenten Gott und die andere die Hua-Yen-Welt des *Shih-shih Wu-ai* und die Lehre von der Verbundenheit und dem gegenseitigen Verflochtensein; die eine betont die dualistische Seite des Seins, die andere lehrt die Logik der Identität; die eine ist mehr für soziale Gerechtigkeit, individuelle Freiheit, gemeinschaftliche Wohlfahrt und moralische Verantwortlichkeit, aber die andere, historisch bedingt, neigt mehr zu Abgeschiedenheit, zu einem kontemplativen Leben und politischer Indifferenz. Allgemein gesprochen ist der christliche Gott, wenn schon nicht ganz transzendent, wie manche meinen, so doch transzendent immanent, während der buddhistische Gott immanent transzendent ist. Um für spirituelles Wohlergehen zusammenzuwirken, müssen Buddhisten und Christen lernen, sich ganz dem Geist der Toleranz und des gegenseitigen Verstehens zu ergeben.

Joshu Jushin (778 – 897), einer der großen Zen-Meister der T'ang-Dynastie, wurde einmal von einem seiner Schüler namens Sai, einem hohen Hofbeamten, gefragt: »Ist es möglich, daß ein spiritueller Meister wie ihr in die Hölle kommt?«

»Mögen alle Menschen im Paradies geboren werden und nur ich vom Leid verschlungen bleiben«

Der Meister sagte: »Ich werde einer der ersten sein, die dorthin kommen.«

»Wie kann ein Heiliger wie ihr in die Hölle kommen?«

»Wenn ich nicht dorthin käme, würde es mir unmöglich sein, mit Euch zu sprechen!« war die Antwort des Meisters.

Derselbe Meister wurde ein anderes Mal von einer alten Dame gefragt: »Man betrachtet die Frauen als die Gefangenen der fünf Hindernisse. Wie kann ich mich davon befreien?«

Der Meister sagte: »(Möge dies Euer Gebet sein:) Laßt alle anderen Menschen im Paradies geboren werden, aber ich, alte Frau, möge für immer vom Ozean des Leidens verschlungen werden.«

Wenn jede einzelne der Einheiten, aus denen dieses Universum sich zusammensetzt, mit dem Großen Herzen des Mitgefühls und der Selbstaufopferung eins geworden ist, dann ist der Augenblick der Verwirklichung des Wortes gekommen: »Friede auf Erden und Glorie im Himmel«, was nichts anderes meint, als eine Welt in der Vollkommenheit des Blumenschmucks *(vyuha)* des Reinen Landes.

Anmerkungen

I. TEIL

[1]) (S. 27) Es ist vielleicht gut, hier nochmals zu betonen, daß die spirituelle Welt des Nicht-Unterschieds und der Nicht-Unterscheidung keine getrennte Eigenexistenz besitzt. Sie existiert vielmehr mit und in dieser Welt der unendlichen Unterscheidungen; sie ist in Wirklichkeit nichts anderes als diese Welt selbst. Man spricht von ihr, als ob sie eine unabhängige Welt wäre, die über diese unsere Welt hinausgehen würde. Schuld daran ist unser dualistischer Verstand. Ohne ihn würde es weder Unterscheiden noch Nicht-Unterscheiden geben. Der Verstand teilt das Eine, in dem wir leben, uns bewegen und unser Sein haben, in zwei.

Die Welt des Nicht-Unterschieds hat zwei Aspekte: einen relativen, insoferne sie sich von der Welt der Unterschiede unterscheidet, und einen absoluten, insoferne alle Unterscheidungen ausgeschlossen sind; und in diesem Sinne ist sie das Eine, das Absolute. Um unseren lästigen und auf Logik versessenen Verstand zum Schweigen zu bringen, verwenden die Buddhisten Ausdrücke wie der Unterschied des Nicht-Unterschieds oder der Nicht-Unterschied des Unterschieds, wobei »Unterschied« auch durch »Unterscheidung« ersetzt werden kann.

Die Buddhisten verwenden *shabetsu* für Unterschied und *funbetsu* für Unterscheidung. *Sha* oder *sa* bedeutet »Unterschied«, während *fun* oder *bun* »teilen«, »entzwei schneiden« bedeutet. *Betsu* ist die »Trennung«. *Shabetsu* ist statisch, räumlich, objekthaft und körperlich, während *funbetsu* eher vom Verstand gesehen, logisch und subjekthaft ist. Praktisch haben die beiden Begriffe dieselbe Bedeutung und sind austauschbar.

[2]) (S. 33) Es ist interessant, daß Pascal in seinen »Pensées« zwischen Herz und Verstand unterscheidet (269 u. ff.). Er sagt: »Es ist das Herz, das Gott spürt und nicht der Verstand. Das ist der Glaube: Gott spürbar im Herzen und nicht im Verstand« (278). »Die letzte Schlußfolgerung des Verstandes ist, zu erkennen, daß es eine Unzahl von Dingen gibt, die sein Fassungsver-

130

mögen übersteigen« (267). Der Verstand hat die Aufgabe, sich zu verleugnen und sich dem Gefühl, das heißt dem Herzen, zu unterwerfen, »dem Herzen, das seine Gründe hat, die der Verstand nicht kennt« (277). Nach buddhistischer Lehre hat *Prajna,* »das Herz«, seine eigene Art des Denkens, die völlig jenseits der Beweise oder Unterscheidungen von *Vijnana,* »dem Verstand«, liegt. Der Verstand sieht stets Unterschiede und das hindert ihn daran, die Realität, die in der Welt der Nicht-Unterscheidung und des Nicht-Unterschieds beheimatet ist, unmittelbar zu erfassen. Pascal sagt: »Der Glaube ist eine Gabe Gottes; bildet euch nicht ein, daß wir ihn für eine Frucht des Verstandes ausgeben« (279). Glaube ist das Erfassen der Wirklichkeit durch Nicht-Unterscheidung. Buddhisten würden sagen, daß Pascals »Glaube« oder »spirituelle Einsicht« ihrer völligen Erleuchtung entspricht. Was jedoch die buddhistische Denkweise unmißverständlich von der christlichen unterscheidet, ist, daß die Buddhisten den »Verstand« als nicht vom »Herzen« verschieden ansehen, sondern als aus dem Herzen entstanden und mit dem Herzen identisch; und ferner, daß diese Identität von Verstand und Herz nicht verhindert, daß jedes auf seine eigene Weise funktioniert: der Verstand als Instrument der Beweisführung und Unterscheidung und das Herz als Organ der Intuition. Christen würden sagen, »Gott hat Sich zum Menschen gemacht, um Sich mit dem Menschen zu vereinigen«. Wenn das so ist, ist Gott jetzt im Menschen und der Mensch ist in Gott, Gott ist Mensch und der Mensch ist Gott, jedoch Gott ist Gott und der Mensch ist der Mensch. Das ist das größte religiöse Mysterium, das tiefste philosophische Paradoxon, die Unterscheidung der Nicht-Unterscheidung und die Nicht-Unterscheidung der Unterscheidung, kurz das, was die buddhistische Logik der Identität begründet.

[3]) (S. 33) *Mon* bedeutet »fragen« und *do* oder *to* »antworten«.

[4]) (S. 39) Eckhart sagt: »Das Auge, mit dem ich Gott sehe, ist dasselbe Auge, mit dem Gott mich sieht.« Das *Prajnachakshu* ist ein derartiges Auge. Das *Chakshu* hat als Objekt des Sehens keine gesonderte Realität; wenn es etwas sieht, so ist dieses etwas nichts anderes als es selbst; das *Chakshu* sieht sich selbst, als ob es überhaupt nicht sähe, denn sein Sehen ist Nicht-Sehen und sein Nicht-Sehen ist Sehen. Eckhart sagt: »Mein Auge und Gottes Auge sind ein Auge, ein Sehen und eine Liebe.« In der Welt der

Unterscheidung erzeugt der Akt des Sehens den Dualismus von Sehendem und gesehenem Objekt; das eine ist vom anderen deutlich getrennt. Ohne diesen Dualismus ist Sehen in der Welt der Gegensätze, der Sinne und des Verstandes unmöglich. Das ist aber nicht der Weg zur vollkommenen Erleuchtung, die zur Welt der Nicht-Unterscheidung gehört, wo das Absolute Eine ganz für sich allein ist. Das Öffnen des *Prajnachakshu* bedeutet, in die Gegenwart dieses Absoluten zu gelangen, das heißt dorthin, wo »mein Auge und Gottes Auge ein Auge sind«. Hier ist Sehen Nicht-sehen. »Mein Auge« kann von »Gottes Auge« unterschieden werden; trotzdem gibt es keinen Unterschied, weil sie »ein Auge« sind. Dieses absolute »eine Auge« ist farblos und unterscheidet daher alle Farben. »Wenn mein Auge die Farben unterscheiden soll, muß es selbst frei von allen Farben sein.« Das *Prajnachakshu* ist das Auge des Nicht-Unterscheidens, daher sein Unterscheiden aller Einzelheiten. Sobald das Unterscheiden nicht unterscheidet und trotzdem unterscheidet, hat man die vollkommene Erleuchtung erlangt.

⁵) (S. 60) Unter »Moralischer Verursachung« verstehen die Buddhisten den Umstand, daß jede Tat, ob gut, schlecht oder indifferent, sich auf den Täter auswirkt. Gute Menschen sind glücklich, schlechte Menschen unglücklich. Aber gewöhnlich wird »Glück« nicht in seinem moralischen oder spirituellen Sinne verstanden, sondern im Sinn materiellen Wohlstandes, sozialer Stellung oder politischen Einflusses. Die Königswürde wird z. B. als Belohnung für die gewissenhafte Erfüllung der zehn Taten der Güte angesehen. Stirbt jemand eines tragischen Todes, nimmt man an, daß er etwas Schlechtes in seinen vergangenen Leben begangen hat, selbst wenn sein gegenwärtiges Leben untadelig war.

⁶) (S. 61) Ich bin mit dem Ausdruck »verdunkeln« nicht ganz zufrieden, obwohl das die wörtliche Bedeutung des Wortes *mai* im Original ist. Der Sinn ist hier eher »verneinen«, »nicht beachten« oder »auslöschen«.

⁷) (S. 68) Die Mahayana-Lehre beruht zur Gänze auf der *Prajna*-Logik der Identität, wo Gegensätze als solche keinen Platz haben, weil sie alle in der Einheit der Identität aufgegangen sind.

[1]) (S. 77) *Kaya,* »der Körper«, ist ein wichtiger Begriff in der buddhistischen Lehre von der Wirklichkeit, dem *Dharma.* *Dharmakaya* wird gewöhnlich als »Körper des Gesetzes« übersetzt, wobei *Dharma* im Sinne von »Gesetz«, »Organisation«, »Systematisation« oder »regelndes Prinzip« verstanden wird. Aber *Dharma* hat im Buddhismus eine sehr viel tiefere Bedeutung. Wenn *Dharma* mit *Kaya* zu dem Wort *Dharmakaya* verbunden wird, entsteht die Vorstellung der Personalität. Die höchste Wirklichkeit ist keine bloße Abstraktion, sie ist von stärkstem Leben erfüllt, voll Sinn, Bewußtsein, Intelligenz und vor allem getragen von einer Liebe, die von allen menschlichen Schwächen gänzlich frei ist.

[2]) (S. 78) Hua-Yen (japan. Kegon) bedeutet »Blumenschmuck«, ein Bild, dem zwei Sanskritausdrücke entsprechen: der eine ist *avatamsaka,* was Girlande oder Blumengewinde bedeutet, und der andere ist *gandavyuha,* »Blütenschmuck«. *Gandavyuha* ist der Sanskrittitel des Berichtes von dem jungen Sudhana, der erfahren wollte, wie das ideale Leben eines Bodhisattva verwirklicht werden könne. Der Bodhisattva Manjusri riet ihm, die spirituellen Lehrer der verschiedenen Lebensbereiche und unterschiedlichen Existenzformen, insgesamt dreiundfünfzig, aufzusuchen. Diese Erzählung ist in den chinesischen Übersetzungen, von denen es drei gibt, als das »Kapitel über das Eingehen in den *Dharmaloka*«, das heißt in die Welt der Wahrheit oder den Bereich des Geistes, bekannt. *Avatamsaka* ist im chinesischen Tripitaka der Titel für die Gesamtheit der Hua-Yen-Literatur, zu der eine Reihe von Sutras zählen, die alle der Darstellung der Hua-Yen-Philosophie gewidmet sind.

[3]) (S. 86) Es ist für die Hua-Yen-Terminologie bezeichnend, daß die chinesischen Hua-Yen-Meister das Zeichen *Shih* gewählt haben, um damit eine individuelle Sache oder eine sogenannte Substanz zu bezeichnen. *Shih, vastu* in Sanskrit, bedeutet, wie ich schon sagte, erstens »eine Materie«, »ein Ereignis«, »ein Geschehen«, und zweitens »eine existierende Sache« im Gegensatz zu einer Idee oder bloßen Vorstellung. Im Hinblick auf die dynamische und zeithafte Hua-Yen-Interpretation des *Dharmaloka* oder des Universums, scheint es am besten zu sein, die ursprüngliche Bedeutung von *Shih* als ein Geschehen festzu-

halten. Die Hua-Yen-Philosophen, gleich allen andern Buddhisten, glauben nicht an die Realität der individuellen Existenz, denn es gibt nichts in der Welt unserer Erfahrung, das seine Identität auch nur für einen einzigen Augenblick behielte; alles ist einem ständigen Wandel unterworfen. Aber diese Veränderungen gehen so langsam vor sich, daß sie unsere Sinne nicht wahrnehmen und wir sie erst bemerken, nachdem sie durch bestimmte Grade der Verwandlung hindurchgegangen sind. Die menschliche Wahrnehmungsfähigkeit ist eng mit der Vorstellung einer meßbaren Zeit verbunden; sie überträgt die Zeit in den Raum; ein Nacheinander von Geschehnissen wird in ein räumliches System individueller Realitäten umgewandelt und diese werden als Monaden betrachtet, die ständig im Sein verbleiben und unabhängig, wenn auch nicht in absolutem Sinn, von anderen monadischen Existenzen sind. Eigentlich können wir die Hua-Yen-Vorstellung der »vollkommenen unbehinderten gegenseitigen Durchdringung« nur verstehen, wenn unser Bewußtsein zutiefst erfaßt ist von einem Gefühl für das niemals endende Weitergehen der Geschehnisse.

Wenn die Buddhisten erklären »*Anicca vata sankhara*«, das heißt: »Alle zusammengesetzten Dinge oder Objekte der Erfahrung sind vergänglich«, so beziehen sie sich dabei auf diesen niemals unterbrochenen Weitergang der Geschehnisse. *Sankhara (S. sanskara)* ist als buddhistischer technischer Begriff schwer zu übersetzen. Die chinesischen Übersetzer nehmen gewöhnlich Zuflucht zu *hsing (J. gyo)* und gelegentlich zu *shih (J. ji)*. *Shih* wird also sowohl für *sanskara* wie für *vastu* gebraucht, aber die Übersetzer benutzen diese Ideogramme manchmal für *fa* und *hsing* für *vastu* und zeigen so, daß für sie *shih, ho* und *gyo* in einem gewissen Ausmaß austauschbare Begriffe sind.

Das unterstreicht die Tatsache, daß die Buddhisten ein Objekt als ein Geschehen begreifen und nicht als eine Substanz. Und deshalb betrachten die Buddhisten die Welt unserer Sinneserfahrung als vergänglich, unbeständig *(anitya)*, ohne Ich *(anatmya)* und daher als mit Schmerz und Leid *(dukkha)* verbunden.

Die buddhistische Vorstellung der »Dinge« als »*sanskara*« *(sankhara)*, das heißt als »Taten« oder »Geschehnisse«, zeigt deutlich, daß die Buddhisten unsere Erfahrung in Begriffen der Zeit und der Bewegung verstanden, wodurch die Hua-Yen-Vorstellung des *Shih-shih Wu-ai* einsichtig wird. Das Herz des Großen Mitfühlens ist kein fester Körper, von dem die Liebe ausstrahlt und auf die Objekte hinüberfließt, sondern vielmehr eine Art des Bewußtseins: das Gefühl für die Identität hinter dem ewigen Werden der Geschehnisse.

[4]) (S. 88) *Parikalpita:* Der Glaube, daß ein Objekt, das man vor sich sieht, Realität und eine unabhängige Existenz aus sich selbst habe, ist »ein Ergebnis der Einbildungskraft«. – *Paratantra:* »von anderm abhängig«; alle Dinge stehen miteinander in Beziehung und sind voneinander abhängig. Es handelt sich also um eine Art buddhistischer Relativitätstheorie, könnte man sagen. – *Parinishpanna:* »die vollkommene Sicht«, die uns die Welt so sehen läßt, wie sie wirklich und in Wahrheit ist.

[5]) (S. 91) Diese fünf Lehrsysteme wurden von den Hua-Yen-Meistern in der Gesamtheit des Buddhismus unterschieden. Wenn die chinesischen Buddhisten sich mit den scheinbar gegensätzlichen Lehren konfrontiert sahen, wie sie in den mehr als fünftausend Bänden buddhistischer Sutras niedergelegt sind, die nacheinander von den Sanskrit-Gelehrten Indiens und der zentralasiatischen Königreiche ins Chinesische übersetzt wurden, bemühten sie sich immer wieder, die echte Lehre Buddhas herauszufinden; eine der wichtigsten und schwierigsten Aufgaben, vor die sie sich gestellt sahen, war, ein einleuchtendes Gedankensystem in dieser ungeheuer umfangreichen Literatur nachzuweisen. Jede Schule bezeichnete bestimmte Sutras als die für das Verständnis der buddhistischen Wahrheit wichtigsten und grundlegendsten, und ordnete die übrigen so, daß sie stufenweise zu der Lehre hinführten, die von ihren Anhängern besonders geschätzt wurde. Die Hua-Yen-Schule gehört zur letzten der fünf hier aufgezählten Ausprägungen des Buddhismus.

[6]) (S. 94) Um die Bedeutung von *Vijnana* zu erklären, würde es einer ausführlichen Untersuchung bedürfen. Ich möchte mich hier darauf beschränken, festzustellen, daß es sich um eine Art von absolutem Geist handelt, aus dem alle Dinge entstehen und in den sie alle zurückkehren, der selber aber allezeit der gleiche bleibt. Das *Alaya*, was soviel wie »Speicher« oder »Schatzhaus« heißt, ist das letzte der acht *Vijnanas* oder »Bewußtseins«-Arten. Die ersten fünf entsprechen den fünf Sinnen; das sechste ist das *Manovijnana*, dessen Funktion es ist, zu unterscheiden, zu verallgemeinern, abstrakte Ideen zu bilden. Es entspricht dem

Verstand oder der Denkfähigkeit. Das siebente heißt *Manas*, dessen Rolle schwierig zu definieren ist; eines seiner Merkmale ist, daß es das *Alayavijnana* mit dem *Manovijnana* verbindet. Das *Alaya* ist frei von Ich-Bewußtsein; es sammelt und verwahrt unterschiedslos gute und schlechte Dinge, und hat Bestand. *Manas* ist ohne Unterbrechung tätig, ist fest mit dem *Alaya* verbunden und erhebt es zu einem Ich. Diese Funktion, ein Ich zu unterscheiden, spiegelt sich im *Manovijnana* wider, das zu dem Schluß kommt: »Hier ist mein Ich.« Aus diesem individualisierenden Ich-Bewußtsein entstehen alle Übel. Das Ich-Bewußtsein des *Manas* ist beständig und kennt keine Unterbrechungen, während das des *Manovijnana* zeitweilig aussetzt und Unterschiede kennt. Kurz: das *Alaya* ist eine Welt der Nicht-Unterschiedenheit und der Nicht-Unterscheidung.

[7]) (S. 95) Hier endet der »Traktat vom Goldenen Löwen«. Der Text ist viel zu summarisch und inhaltlich komprimiert, um von den meisten Lesern in seiner ganzen Tiefe erfaßt werden zu können. Es ist meine Absicht, der ausführlichen Darstellung der Hua-Yen-Philosophie ein eigenes Buch zu widmen. – Diese Absicht hat D. T. Suzuki leider nicht verwirklicht. Der interessierte Leser sei auf das Buch »Die buddhistische Lehre von der Totalität – Die Philosophie des Hua-Yen-Buddhismus« von Garma C. C. Chang verwiesen.

[8]) (S. 115) Kwannon wurde zweifellos ursprünglich als ein »Er« dargestellt. Da er jedoch das Große Mitfühlende Herz repräsentiert, wurde er immer enger mit dem »Ewig-Weiblichen« in Verbindung gebracht und ist schließlich eine »Sie« geworden. In Japan und China wird auf fast allen Bildern Kwannon weiblich dargestellt.

[9]) (S. 123) *Shaba, Sahaloka* in Sanskrit, ist eine Bezeichnung für diese Welt des Leidens.

Namens- und Begriffsregister

138

Inhalt

Faszination Buddhismus

Dalai Lama
Tibet – Ort der Götter, Land der Tränen
Herausgegeben von Gilles von Grasdorf
Band 4497
Der XIV. Dalai Lama über den Grund seiner Hoffnung und seine Vision eines weltumgreifenden Friedens aus dem Geist des Mitgefühls.

Thich Nhat Hanh
Zeiten der Achtsamkeit
Mit einer Einleitung hrsg. von J. Bossert und A. Meutes-Wilsing
Band 4492,
Die schönsten Texte zum 70. Geburtstag des bedeutenden Meditationsmeisters.

Dalai Lama
Der Friede beginnt in dir
Wie innere Haltung nach außen wirkt
Band 4451
Die moderne Auslegung der wichtigsten Lehren über den Weg zu innerem und äußerem Frieden. Einer der schönsten Texte des Buddhismus.

Benjamin Radcliff/Amy Radcliff
Zen denken
Ein anderer Weg zur Erleuchtung
Band 4396
Die alternative Einführung für alle, die Zen von der eigenen westlichen Erfahrung her verstehen und praktizieren wollen.

Geshe Thubten Ngawang
Genügsamkeit und Nichtverletzen
Natur und spirituelle Entwicklung im tibetischen Buddhismus
Mit Beiträgen des Dalai Lama
Band 4356
Aus dem Kern der Botschaft des Dalai Lama sind die Konsequenzen formuliert, die sich aus buddhistischer Sicht ergeben.

HERDER / SPEKTRUM

Geshe Rabten
Das Buch vom heilsamen Leben, vom Tod und der Wiedergeburt
Der Befreiungsweg im tibetischen Buddhismus
Vorwort Dalai Lama
Band 4335
Eine durch Jahrtausende erprobte Art, mit dem Tod umzugehen, und die Sicht
des Lebens zum Positiven zu verändern.

Amadeo Solé-Leris
Die Meditation, die der Buddha selber lehrte
Wie man Ruhe und Klarblick gewinnen kann
Band 4316
Der bedeutende westliche Meister erschließt in diesem praktischen Handbuch
dem Meditationsanfänger die älteste Überlieferung buddhistischer Meditation.

Helena Norberg-Hodge
Leben in Ladakh
Mit einem Vorwort des Dalai Lama
Band 4204
Die Erfahrungen einer Frau, die im Grenzland Tibets eine alte Kultur neu ent-
deckt und für dieses Engagement den alternativen Nobelpreis erhalten hat.

Mircea Eliade
Geschichte der religiösen Ideen
5 Bände in Kassette
Band 4200
„Eine gewaltige geistige Unternehmung, fesselnd und allgemeinverständlich
aufbereitet" (Süddeutsche Zeitung).

Das Ethos der Weltreligionen
Hinduismus, Buddhismus, Konfuzianismus, Daoismus, Judentum,
Christentum, Islam
Herausgegeben von Adel Theodor Khoury
Band 4166
Die Herausforderungen der Gegenwart können nur im Zusammenwirken aller
Religionen gemeistert werden. Eine realistische Vision.

HERDER / SPEKTRUM

Dalai Lama
Einführung in den Buddhismus
Die Harvard-Vorlesungen
Band 4148

Ein faszinierendes Dokument östlicher Geisteskultur, wie es außer dem Friedensnobelpreisträger wohl kaum ein buddhistischer Lehrer hätte verfassen können.

Hugo M. Enomiya-Lassalle
Der Versenkungsweg
Zen-Meditation und christliche Mystik
Band 4142

In jedem Menschen steckt ein Mystiker – hier vermittelt der große Lehrer fernöstlicher Weisheit die Essenz seiner Erfahrung.

Lexikon der Religionen
Phänomene – Geschichte – Ideen
Herausgegeben von Hans Waldenfels
Begründet von Franz König
Band 4090

„In Fachkompetenz, Klarheit und Aktualität einzigartig" (Süddeutscher Rundfunk).

Dalai Lama
Zeiten des Friedens
Band 4065

Einer der großen geistigen Führer unserer Zeit gibt der Sehnsucht nach Frieden wichtige spirituelle Impulse.

Hugo M. Enomiya-Lassalle
Erleuchtung ist erst der Anfang
Texte zum Nachdenken
Herausgegeben von Gerhard Wehr
Band 4048

Enomiya-Lassalle, der große Meditationsmeister und Vermittler östlicher Weisheit, weist hier den Weg zum meditativen Leben.

HERDER / SPEKTRUM